la cuisine tout en un

la cuisine tout en un

Traduit de l'anglais par
Élisa-Line Montigny

intrinsèque

Les personnes suivantes sont, par la présente, identifiées comme étant les auteurs du présent ouvrage : Darina Allen, Hugo Arnold, Aliza Baron Cohen, Ed Baines, Vatcharin Bhumichitr, Conrad Gallagher, Paul Gayler, Adrian Mercuri, Oded Schwartz, Louisa J Walters, Sarah Woodward.

Publié originalement en Grande-Bretagne par Kyle Cathie Limited, 122 Arlington Road, Londres, Angleterre, NW1 7HP

Traduction : Élisa-Line Montigny
Révision : Jeanne Lacroix
Infographie : Christiane Séguin

Dépôt légal 1er trimestre 2006
Bibliothèques nationales du Québec et du Canada
ISBN 2-920373-37-4

Catalogage avant publication de Bibliothèque et Archives Canada
Vedette principale au titre :
La cuisine tout en un
Traduction de : One-pot cooking.
Comprend un index.
ISBN 2-920373-37-4
1. Plats uniques. 2. Mets en casserole. I. Montigny, Élisa-Line.
TX693.O5314 2006 641.8'21 C2005-942096-0

DISTRIBUTION ET DIFFUSION
Amérique: Prologue
France: CDE/Sodis
Belgique: Diffusion Vander S.A.
Suisse: Transat S.A.

LES ÉDITIONS INTRINSÈQUE INC.
3154, boul. Industriel, Laval (Québec) Canada. H7L 4P7.
(450) 663-5533. Courriel : saint-Jean.editeur@qc.aira.com

Imprimé en Chine

REMERCIEMENTS
Les éditeurs désirent remercier les auteurs suivants qui leur ont donné la permission de reproduire leurs recettes aux pages indiquées : Hugo Arnold : 24, 32, 98, 110; Darina Allen : 16, 18, 26, 42, 66, 68, 120, 126, 166, 168 ; Ed Baines : 106, 124, 156 ; Aliza Baron-Cohen, Adrian Mercuri et Louisa J Walters : 62, 172 ; Vatcharin Bhumichitr : 22, 80, 164 ; Conrad Gallagher : 14, 20, 30, 34, 44, 48, 54, 56, 72, 74, 78, 82, 88, 94, 96, 100, 104, 118, 122, 124, 128, 130, 134, 136, 160, 162 ; Paul Gayler : 28, 36, 46, 50, 52, 58, 60, 64, 76, 86, 90, 102, 108, 114, 116, 138, 140, 142, 144, 146, 148, 150, 152, 154 ; Oded Schwartz : 170 ; Sarah Woodward : 40, 84, 112.

Les éditeurs désirent remercier les photographes suivants qui leur ont donné la permission d'utiliser les images aux pages indiquées : Martin Brigdale : 23, 81, 165 ; Julie Dixon : 171 ; Gus Filgate : 1, 2, 12, 15, 21, 31, 35, 37, 38, 41, 45, 49, 51, 55, 57, 61, 65, 70, 73, 75, 79, 83, 85, 91, 92, 95, 97, 101, 103, 105, 107, 113, 119, 123, 125, 129, 131, 132, 135, 137, 138, 141, 145, 149, 151, 153, 157, 158, 161, 163 ; Georgia Glynn Smith : 29, 47, 53, 59, 77, 87, 109, 115, 117, 143, 147, 155 ; Ray Main : 5, 7, 9, 17, 19, 20, 25, 27, 33, 43, 67, 69, 72, 78, 90, 99, 102, 111, 116, 121, 122, 127, 167, 169 ; Juliet Piddington : 63, 173 ; Jean-Luc Scotto : 28, 30, 36, 60, 68, 108, 126, 144, 156, 160.

sommaire

introduction

Le principe de base de chacune des recettes du présent livre est simple : chacune peut être préparée à partir d'un seul plat de cuisson. Il peut s'agir d'une cocotte, d'un poêlon, d'une marmite, d'une plaque à rôtir ou d'un wok. La plupart des cuisines, même celles où circulent les cuistots les moins enthousiastes, sont dotées d'au moins un de ces outils. Certaines recettes font appel aussi, quoique rarement, à d'autres ustensiles pour la préparation, tels que bol à mélanger ou mixeur. Lorsqu'ils servent, il y a amplement de temps pour les laver avant l'étape finale de la cuisson, et ainsi tout se trouve dans un seul plat. Les gens qui cuisinent à la maison disposent très rarement de batteries de cuisine et d'outils spécialisés complexes nécessaires aux professionnels ; les recettes de cet ouvrage tiennent compte de cette réalité. Mais n'oublions pas le volet « nettoyage » : même si nos armoires de cuisine sont surchargées d'ustensiles de fine pointe, loin de nous l'idée de les sortir tous chaque fois que nous préparons le repas du soir, lave-vaisselle ou pas.

La nature même de la cuisine tout en un implique des recettes qui sont nécessairement plus simples que celles qui nécessitent moult casseroles et poêlons pour préparer un seul plat... Or, qui dit simple ne dit pas nécessairement insipide ou monotone. Bon nombre des recettes qui se trouvent ici sont réduites à leur plus simple expression, et permettent à la saveur et à la fraîcheur des ingrédients de ressortir pleinement. Le goût du plat peut être rectifié pendant la cuisson pour rehausser le résultat final.

Ce type de cuisine sans chichi convient bien aux horaires chargés. Plusieurs des recettes requièrent une demi-heure ou moins de préparation, et parmi celles qui en nécessitent davantage, elles mijotent doucement pendant que vous vaquez à d'autres occupations.

Tout en un ne signifie pas non plus un seul style de cuisine. On y trouve des recettes d'entrées, de soupes, de poisson, de viande, de plats d'accompagnement et de desserts — de la simple salade au cari thaïlandais, des soupes veloutées jusqu'aux légumes grillés au

four et des sautés aux kebabs, le choix est grand. Plusieurs d'entre elles se réalisent en un tournemain les soirs de semaine, et toutes peuvent être servies autant aux amis qu'aux membres de la famille.

Les mêmes principes qui s'appliquent aux repas en famille peuvent aussi servir lorsqu'on reçoit. Fini l'époque où il fallait s'échiner devant un four brûlant pour impressionner nos convives avec les tendances culinaires de l'heure. De nos jours, on se réunit de manière plus détendue autour de repas composés d'aliments simples et frais, préparés pour nourrir amis et famille. Manger se veut un plaisir, pas une compétition.

La cuisine tout en un convient à ce style de rencontres. Plusieurs des recettes présentées sont des repas complets qui peuvent même être apportés à la table et servis directement de la casserole. Si le plat de cuisson est en faïence et joli, par exemple, tant mieux. Vos invités peuvent se servir une deuxième fois, même une troisième. De plus, la présence d'une seule casserole sur la table évite le besoin d'encombrer cette dernière de deux, trois et même quatre plus petits plats.

La plupart d'entre nous vivons dans des espaces restreints et nous sommes peu nombreux à posséder une grande table de salle à manger (lorsque salle à manger il y a). Nous sommes probablement installés autour d'une petite table ronde dans le coin du salon. Les avantages d'avoir un seul plat au centre de la table sont évidents, et la table est ainsi moins chargée, ce qui rend le repas plus agréable.

Il existe une recette tout en un pour toutes les occasions — tournez les pages et choisissez celle que vous préparerez ce soir !

astuces et raccourcis

Quel type de casseroles devrais-je acheter ?

Procurez-vous les meilleures casseroles en acier inoxydable à fond épais que vous pouvez vous permettre. Certaines sont garanties 50 ans — vous devriez donc être en mesure de cuisiner un certain nombre de plats. Parmi les éléments essentiels : une grande casserole, une petite casserole, un poêlon et une cocotte. Équipé de ces outils, vous pouvez aisément improviser le reste. Il vous faut aussi un bol à mélanger, une tasse graduée, un couteau tranchant et une cuiller de bois.

Le mot magique : organisation

Préparez tous les ingrédients avant de commencer. S'il y a des légumes à hacher, faites-le d'avance. Lavez les bols ou les ustensiles que vous utilisez au fur et à mesure afin qu'à la fin, vous n'ayez qu'une seule casserole et les couverts à laver.

Nettoyez au fur et à mesure

Lavez le poêlon utilisé en début de recette et vous pourrez peut-être vous en servir plus tard pour la même recette. Mis à part l'avantage que représente l'utilisation d'un seul poêlon, il est plus facile de nettoyer un ustensile avant que les aliments ne s'y incrustent. Un plat lavé aussitôt après avoir servi prend moins de temps à nettoyer.

Des ustensiles exceptionnels

Il existe une multitude d'outils pouvant aider à suivre les principes de la cuisine tout en un. L'un d'eux est le mixeur à main. Pratique, ce petit accessoire mélange soupes et sauces directement dans la casserole (certains modèles sont dotés d'un petit bol pour hacher de petites quantités de fines herbes ou pour faire une mayonnaise). En plus d'épargner du temps, il est facile à nettoyer sous l'eau du robinet et se range simplement dans un tiroir ou au mur.

comment utiliser ce livre

Chacune des recettes indique les portions prévues et le temps nécessaire à la préparation et à la cuisson. Règle générale, le temps de préparation est le temps requis pour laver, préparer et hacher les ingrédients pour la recette, tandis que le temps de cuisson inclut le temps nécessaire à cuisiner, bien que la majeure partie du temps indiqué constitue surtout le temps de cuisson du plat en tant que tel pendant que vous faites autre chose.

De plus, chaque recette fournit les renseignements nutritionnels. À titre indicatif, les enfants, les femmes sédentaires et les adultes plus âgés nécessitent environ 1 600 calories par jour. Les adolescentes, les femmes actives et les hommes sédentaires requièrent 2 200 calories par jour, alors que les adolescents, les hommes actifs et les femmes très actives nécessitent jusqu'à 2 800 calories quotidiennement.

Vous y trouverez aussi de l'information sur la teneur en gras par portion. À l'heure actuelle, on préconise qu'un maximum de 10 à 30 p. cent de l'apport énergétique quotidien devrait provenir de gras. La plupart d'entre nous devons nous efforcer de réduire la quantité de gras que nous consommons, surtout les gras saturés.

Viennent ensuite les glucides, un élément important de notre alimentation. Il est recommandé qu'au moins le tiers de notre apport quotidien d'aliments provienne de féculents tels que pommes de terre, igname, pain, pâtes alimentaires, nouilles, chapattis, riz, patates douces et ainsi de suite.

Il est aussi recommandé que notre consommation quotidienne de sel ne dépasse pas 6 g. Or, la plupart d'entre nous en consommons plus de 9 g, soit l'équivalent de 10 ml (2 c. à thé). La majeure partie de cette quantité provient d'aliments traités, mais 10 p. cent proviennent du sel que nous ajoutons, soit en cuisinant, soit à table. Une consommation élevée de sel entraîne une élévation de la pression sanguine qui, à son tour, est liée à un risque plus grand de maladies coronariennes et d'accidents vasculaires cérébraux.

entrées

PORTIONS : 4

PRÉPARATION : 15 MINUTES

CUISSON : 20 MINUTES

galette de tomate et tapenade au four

4 rondelles de pâte feuilletée de 15 cm (6 po) de diamètre, 1 cm (1/2 po) d'épaisseur
60 ml (1/4 de tasse) de concentré de tomates séchées au soleil
8 tomates italiennes moyennes
60 ml (1/4 de tasse) d'huile d'olive
une variété de fines herbes fraîches, hachées, telles que ciboulette, persil, cerfeuil et basilic
60 ml (1/4 de tasse) de vinaigre balsamique
sel et poivre noir fraîchement moulu

Mélange au fromage de chèvre
275 g (10 oz) de fromage de chèvre, haché
100 ml (3 1/2 oz) de double-crème
30 ml (2 c. à soupe) de basilic, haché
poivre noir fraîchement moulu

Faire chauffer le fromage et la crème dans une petite casserole et bien mélanger. Retirer du feu et ajouter le poivre et le basilic haché. Réserver.

Préchauffer le four à 180 °C / 350 °F / 4 au four à gaz. Placer les rondelles de pâte feuilletée entre deux feuilles de papier sulfurisé et déposer sur une plaque à pâtisserie. Poser une autre plaque sur les rondelles (pour empêcher la pâte de lever), et faire cuire 15 minutes. Retirer du four et laisser tiédir sur une grille. Régler la température du four à doux.

Tartiner les rondelles feuilletées du concentré de tomates séchées au soleil. Déposer une petite cuillerée du mélange au fromage de chèvre au centre de chaque rondelle. Couper les tomates en tranches minces et disposer sur les rondelles. Arroser d'huile d'olive, saler et poivrer, et remettre au four 3 à 4 minutes.

Garnir de fines herbes et arroser d'un filet de vinaigre balsamique.

VARIANTE

Remplacer les tomates par des courgettes, et les fines herbes par de la roquette, selon votre préférence du moment.

Valeur nutritive, par portion :
Calories : 720
Matières grasses : 59,3 g
Glucides : 27 g
Sel : 2,2 g

PORTIONS : 4

PRÉPARATION : 10 MINUTES

CUISSON : 30 À 60 MINUTES

betteraves au fromage de chèvre et au vinaigre balsamique

6 à 12 mini-betteraves
60 ml (1/4 de tasse) d'huile d'olive extra-vierge
4 généreuses poignées de roquette et
  de feuilles de betteraves
15 ml (1 c. à soupe) de vinaigre balsamique
175 g (6 oz) de fromage de chèvre
fleurs d'ail sauvage (si offertes)
sel de mer et poivre noir fraîchement concassé

Préchauffer le four à 230 °C / 450 °F / 8 au four à gaz.

Envelopper les betteraves de papier aluminium et les faire rôtir au four jusqu'à ce qu'elles soient tendres, 30 à 60 minutes, selon la taille.

Débarrasser les betteraves de leur pelure en les frottant ; les garder entières ou les couper en quartiers. Les arroser de la moitié de l'huile d'olive. Répartir quelques feuilles de roquette et de betteraves dans chacune des assiettes. Surmonter de quelques betteraves tièdes. Arroser encore d'huile d'olive et de vinaigre balsamique. Déposer une petite cuillerée de fromage de chèvre à côté des betteraves. Saler et poivrer et garnir de petites feuilles de betteraves ou de fleurs d'ail sauvage et servir.

VARIANTE

Utiliser un mélange de betteraves rouges, jaunes et Chioggia, si offertes.

Valeur nutritive, par portion :
Calories : 264
Matières grasses : 22,3 g
Glucides : 6 g
Sel : 1,13 g

PORTIONS : 8

PRÉPARATION : 20 MINUTES

CUISSON : 5 MINUTES

salade de grenade, de kaki et de noix de pécan

3 kakis fuyu (*Diospyros kaki* – petits kakis fermes)
3 poires mûres (d'Anjou, si vous en trouvez)
le jus frais d'une lime
les baies de 1/2 grenade
un mesclun de laitue frisée, de cresson et de roquette
75 à 100 g (3 à 4 oz) de noix de pécan, fraîchement grillées

Vinaigrette
30 ml (2 c. à soupe) de vinaigre balsamique ou de sherry (xérès)
10 ml (2 c. à thé) de moutarde de Dijon
2 échalotes, hachées finement
75 ml (5 c. à soupe) d'huile d'olive extra-vierge
sel et poivre noir fraîchement moulu

Préchauffer le four à 180 °C /350 °F / 4 au four à gaz.

Préparer d'abord la vinaigrette : mélanger le vinaigre, la moutarde, les échalotes, l'huile, le sel et le poivre dans un contenant hermétique jusqu'à émulsion.

Couper les kakis et les poires en tranches d'environ 1 cm (1/2 po) d'épaisseur. Les mettre dans un bol et les arroser du jus de lime. Ajouter les baies de grenade et mélanger délicatement.

Laver, assécher les laitues et les réfrigérer dans un linge propre jusqu'au moment de les utiliser. Disposer les noix sur une plaque à pâtisserie et les faire rôtir au four 5 à 6 minutes en les remuant de temps à autre ; elles peuvent aussi être rôties sous le gril.

Au moment de servir, mélanger les laitues avec une partie de la vinaigrette et les répartir dans huit assiettes. Mélanger les fruits délicatement avec le reste de la vinaigrette. Surmonter les feuilles de laitue du mélange de fruits et garnir de noix de pécan rôties. Servir immédiatement.

Valeur nutritive, par portion :
Calories : 189
Matières grasses : 13,7 g
Glucides : 16 g
Sel : 0,23 g

PORTIONS : 4

PRÉPARATION : 15 MINUTES

CUISSON : 20 MINUTES

moules à l'ail, à la coriandre et au piment rouge

30 ml (2 c. à soupe) d'huile d'olive
4 gousses d'ail, écrasées
2 piments rouges, épépinés et tranchés
4 échalotes, hachées
25 g (1 oz) de gingembre frais, pelé et haché
3 poireaux, hachés
1 branche de céleri, hachée
1 brin de thym
1 brin de romarin
1 kg (2 lb) de moules, grattées, rincées et ébarbées
300 ml (10 oz) de vin blanc
1 litre (4 tasses) de fumet de poisson
100 ml (3 1/2 oz) de double-crème
50 g (2 oz) de feuilles de coriandre fraîche, hachées
50 g (2 oz) de persil plat frais, haché
sel et poivre noir fraîchement moulu

Faire chauffer l'huile dans une casserole à feu doux. Ajouter l'ail, les piments, les échalotes, le gingembre, les poireaux et le céleri. Couvrir et faire suer 4 à 5 minutes ou jusqu'à tendreté. Ajouter le thym et le romarin et transférer dans un bol. Rincer la casserole.

Mettre les moules, le vin blanc et le fumet de poisson dans la casserole et faire chauffer à feu élevé. Couvrir et laisser mijoter les moules environ 5 minutes ou jusqu'à ce qu'elles ouvrent. À l'aide d'une cuiller à égoutter, transférer les moules dans un plat de service en jetant celles encore fermées.

Ajouter les légumes à la casserole. Porter à ébullition et laisser le liquide réduire de moitié. Retirer la casserole du feu, incorporer la crème et rectifier l'assaisonnement. Ajouter les fines herbes hachées et verser sur les moules. Servir.

COMMENT HACHER LES FINES HERBES

Laver et assécher les herbes, jeter les tiges ou s'en servir dans la préparation de bouillons. Former une petite boule avec les herbes et hacher grossièrement. Mettre le tranchant du couteau à l'horizontale et, dans un mouvement de balancier avant arrière, couper les herbes jusqu'à ce qu'elles soient finement hachées.

Valeur nutritive, par portion :
Calories : 315
Matières grasses : 19,8 g
Glucides : 9 g
Sel : 1,7 g

PORTIONS : 2

PRÉPARATION : 15 MINUTES

CUISSON : 10 MINUTES

crevettes au gingembre

30 ml (2 c. à soupe) d'huile végétale
2 gousses d'ail, hachées finement
1 morceau de 2,5 cm (1 po) de gingembre frais, haché finement
6 à 8 grosses crevettes, décortiquées et déveinées
1 ml (1/4 de c. à thé) de poivre blanc moulu
15 ml (1 c. à soupe) de sauce soja légère
15 ml (1 c. à soupe) de *nam pla* (sauce de poisson thaïlandaise)
3 ml (1/2 c. à thé) de sucre
30 ml (2 c. à soupe) de bouillon de poulet ou d'eau
2 oignons verts, coupées en tronçons de 5 cm (2 po)
1 petit oignon, tranché

Dans un wok ou un poêlon, faire chauffer l'huile et faire dorer l'ail.

Incorporer le gingembre et ensuite les crevettes. En remuant après chaque ajout, incorporer le poivre, la sauce soja, la sauce de poisson, le sucre et le bouillon ou l'eau. Faire revenir le tout environ 2 minutes, ajouter ensuite les oignons verts et l'oignon. Remuer une fois, retirer du feu et verser dans un plat de service.

Valeur nutritive, par portion :
Calories : 189
Matières grasses : 11,7 g
Glucides : 6 g
Sel : 3,13 g

PORTIONS : 4

PRÉPARATION : 15 MINUTES

CUISSON : 5 MINUTES

poisson fumé au raifort, au wasabi et à la moutarde

20 ml (4 c. à thé) d'huile d'olive
4 tranches, d'environ 1 cm (1/2 po) d'épaisseur, d'une baguette
un morceau de 2 cm (3/4 de po) de racine de raifort
30 ml (2 c. à soupe) de crème fraîche
110 g (1/4 de lb) de saumon fumé
110 g (1/4 de lb) d'anguille fumée
75 g (3 oz) d'œufs de morue fumés
5 ml (1 c. à thé) de wasabi
10 ml (2 c. à thé) de moutarde de Dijon
poivre noir fraîchement moulu
1 citron, coupé en quartiers, pour servir

Préchauffer le gril. Arroser de 5 ml (1 c. à thé) d'huile d'olive chaque tranche de baguette et bien faire griller chaque côté. Réserver sur une grille.

Râper le raifort et ajouter au fouet à la crème fraîche. Trancher mince le saumon fumé et couper l'anguille en morceaux de 2 cm (3/4 de po), de préférence à un angle.

Déposer les œufs de morue sur les tranches de pain grillées et disposer ces dernières au centre de 4 assiettes ; répartir les morceaux d'anguille et de saumon autour des tranches et accompagner de petits amoncellements soigneusement disposés de crème de raifort, de wasabi et de moutarde. Bien saupoudrer de poivre noir fraîchement moulu et servir avec les quartiers de citron.

Valeur nutritive, par portion :
Calories : 243
Matières grasses : 9,8 g
Glucides : 18 g
Sel : 2,67 g

PORTIONS : 4

PRÉPARATION : 10 MINUTES

carpaccio de **saumon fumé** avec avocat, oignon rouge et aneth

175 à 225 g (6 à 8 oz) de saumon fumé
1 ou 2 avocats
1 petit oignon rouge, coupé en petits dés
15 ml (1 c. à soupe) de ciboulette, finement ciselée
15 ml (1 c. à soupe) d'aneth frais, haché finement
15 ml (1 c. à soupe) de brins de cerfeuil ou de persil plat
poivre noir fraîchement concassé

Répartir les tranches de saumon fumé en une seule couche dans 4 grandes assiettes refroidies. Peler et couper le ou les avocats en dés de 5 cm (1/4 de po). Parsemer les tranches de saumon des dés d'avocat et d'oignon rouge. Garnir de ciboulette, d'aneth haché et de brins de cerfeuil ou de persil plat.

Pour terminer, ajouter un peu de poivre noir concassé. Servir accompagné de pain levain brun croûté.

VARIANTE

Remplacer le saumon fumé par de très fines tranches de thon rouge ou à nageoires jaunes.

Valeur nutritive, par portion :
Calories : 136
Matières grasses : 8,9 g
Glucides : 2 g
Sel : 2,1 g

PORTIONS : 4

PRÉPARATION : 20 MINUTES

TEMPS À MARINER : 1 1/2 HEURE

thon mariné à la lime

400 g (14 oz) de thon rouge extrêmement frais, coupé en dés de 1 cm (1/2 po)
le jus de 3 limes
30 ml (2 c. à soupe) d'huile d'olive
30 ml (2 c. à soupe) de ketchup
quelques gouttes de tabasco
1/2 mangue mûre, pelée et coupée en dés de 5 mm (1/4 de po)
1/4 de poivron rouge, coupé en dés de 5 mm (1/4 de po)
1/2 avocat, pelé et coupé en dés de 5 mm (1/4 de po)
1 piment rouge, épépiné et haché finement
2 oignons verts, hachés grossièrement
30 ml (2 c. à soupe) de coriandre, hachée grossièrement
sel et poivre noir fraîchement moulu

Pour servir

tortillas de maïs, coupées en quartiers et frites jusqu'à ce qu'elles soient croustillantes
quartiers de lime (facultatif)
feuilles de coriandre

Valeur nutritive, par portion :

Calories : 275

Matières grasses : 15,7 g

Glucides : 9 g

Sel : 0,72 g

Mettre le thon dans un bol, l'arroser du jus de lime, saler légèrement et laisser mariner 30 minutes jusqu'à ce qu'il soit opaque. Égoutter la marinade et en mélanger une partie, au goût, à l'huile d'olive, au ketchup et au tabasco pour en faire une vinaigrette.

Y ajouter la mangue, le poivron rouge, l'avocat, le piment rouge, les oignons verts, la coriandre et du sel et du poivre. Arroser le thon de cette vinaigrette, bien mélanger et réfrigérer 1 heure.

Servir dans des verres à cocktail, garnir de tortillas de maïs grillées, de quartiers de lime et de feuilles de coriandre.

COMMENT COUPER UNE MANGUE EN DÉS

Couper les « joues » de la mangue, sur la longueur. À l'aide de la pointe d'un couteau tranchant, entailler en croisillons la chair du fruit jusqu'à la peau. Retourner la peau et détacher les cubes de la peau en passant la lame d'un couteau.

PORTIONS : 6

PRÉPARATION : 35 MINUTES

poulet fumé et avocat

1 poulet entier, fumé
le jus de 1/2 citron
environ 200 ml (7 oz) de mayonnaise (maison, de préférence)
sel et poivre noir fraîchement moulu
3 avocats mûrs et fermes
125 ml (1/2 tasse) d'huile de noisette
15 ml (1 c. à soupe) de vinaigre de vin blanc
110 g (1/4 de lb) de laitues mélangées

Désosser le poulet fumé et couper la viande en petits dés. Mélanger dans un bol avec le citron et assez de mayonnaise pour lier. Saler et poivrer au goût.

Couper en deux, dénoyauter, peler et trancher chaque avocat tel qu'il est illustré ci-dessous.

Poser un emporte-pièce rond de 6 cm (2 1/2 po) délicatement sur chaque portion d'avocat. Le remplir du mélange de poulet fumé et retirer soigneusement l'emporte-pièce. Verser l'huile de noisette et le vinaigre de vin blanc dans un contenant à couvercle hermétique, assaisonner et agiter jusqu'à l'obtention d'une émulsion. Mettre les feuilles de laitues dans un bol, assaisonner et verser suffisamment de vinaigrette, et mélanger délicatement. Disposer un peu des feuilles vinaigrées sur la salade de poulet et arroser d'un peu plus de vinaigrette sur le pourtour. Servir.

COMMENT COUPER UN AVOCAT EN ÉVENTAIL

Couper l'avocat en deux sur la longueur. D'un coup sec, insérer le tranchant de la lame d'un gros couteau dans le noyau et le retirer en tournant. Peler l'avocat et le trancher, laissant l'extrémité étroite du fruit intacte. Former un éventail avec les tranches.

Valeur nutritive, par portion :
Calories : 754
Matières grasses : 71,4 g
Glucides : 2 g
Sel : 3,63 g

PORTIONS : 4

PRÉPARATION : 10 MINUTES

CUISSON : 25 MINUTES

crêpes au pancetta et au sirop d'érable

225 g (2 tasses) de farine à pâtisserie (farine de type 45), tamisée
5 ml (1 c. à thé) de levure chimique
25 g (1 1/2 c. à soupe) de sucre semoule
une pincée de sel
3 œufs
10 g (2 c. à thé) de beurre fondu
150 ml (5 oz) de lait entier (lait complet) concentré
12 minces tranches de pancetta
huile végétale, pour frire
sirop d'érable, pour servir

Dans un bol, mélanger la farine, la levure, le sucre et le sel. Ajouter au fouet les œufs, le beurre et tout juste assez du lait pour obtenir une pâte d'une consistance semblable à de la double-crème (toute la quantité de lait ne sera sans doute pas nécessaire). Réserver.

Préchauffer un gril à très chaud et le four à feu doux. Faire frire la pancetta jusqu'à ce qu'elle soit croustillante ; garder au chaud. Faire chauffer un poêlon ; ajouter un peu d'huile. Verser de la pâte à crêpes dans le poêlon pour obtenir des crêpes d'environ 6 cm (2 1/2 po) de diamètre. Éviter qu'elles soient trop épaisses – 1 cm (1/2 po) suffit, sinon elles risquent de ne pas cuire complètement. Elles se garderont au chaud, au four, pendant la cuisson des autres crêpes.

Cette recette donne de 20 à 24 crêpes. En superposer 5 ou 6 au centre de 4 assiettes réchauffées, garnir de pancetta et arroser de sirop d'érable. Servir avec une généreuse quantité de café.

Valeur nutritive, par portion :
Calories : 427
Matières grasses : 18,9 g
Glucides : 51 g
Sel : 2,01 g

PORTIONS : 4

PRÉPARATION : 10 MINUTES

CUISSON : 10 MINUTES

champignons sauvages sautés avec parmesan et beurre au thym

225 g (1/2 lb) de champignons sauvages, essuyés et la base des tiges parée
30 ml (2 c. à soupe) d'huile d'olive
une noix de beurre doux
15 ml (1 c. à soupe) de feuilles de thym frais
sel et poivre noir fraîchement moulu
250 ml (1 tasse) de double-crème très épaisse
30 ml (2 c. à soupe) de ciboulette fraîche, ciselée
25 g (1 oz) de copeaux de parmesan

Couper les champignons en tranches fines. Faire chauffer l'huile dans un poêlon ; ajouter les champignons et faire revenir 2 à 3 minutes jusqu'à ce qu'ils soient dorés et tendres

Ajouter le beurre et le thym au poêlon, et saler et poivrer au goût. Une fois le beurre fondu, incorporer la crème et la ciboulette. Faire cuire 2 à 3 minutes de plus jusqu'à réduction partielle, en remuant de temps à autre.

Répartir les champignons dans de grands bols évasés chauds, et garnir de copeaux de parmesan. Servir immédiatement accompagnés de pain croûté, si désiré.

VARIANTE

Des bolets peuvent remplacer les champignons sauvages. Or, s'ils ont été cueillis immédiatement après une averse, ils risquent de suinter beaucoup pendant la cuisson. Dans ce cas, les faire revenir jusqu'à ce qu'il ne reste pas plus de 15 ml (1 c. à soupe) de liquide ; poursuivre ensuite avec le reste de la recette.

Valeur nutritive, par portion :
Calories : 336
Matières grasses : 34,4 g
Glucides : 2 g
Sel : 0,29 g

PORTIONS : 4

PRÉPARATION : 10 MINUTES

CUISSON : 30 MINUTES

pommes de terre à l'indienne

110 g (1/4 de lb) de ghee ou de beurre clarifié (voir Suggestion)
1 petit oignon, haché finement
450 g (1 lb) de petites pommes de terre cireuses, pelées et coupées en deux sur la longueur
1 petit piment rouge, épépiné et tranché mince
5 ml (1 c. à thé) de curcuma moulu
10 ml (2 c. à thé) de coriandre moulue
5 ml (1 c. à thé) de graines de cumin, rôties brièvement dans un poêlon non graissé
150 ml (5 oz) d'eau
la pulpe de 1/2 noix de coco, coupée en copeaux
des feuilles de coriandre fraîche, pour garnir
sel

Valeur nutritive, par portion :
Calories : 433
Matières grasses : 36,3 g
Glucides : 24 g
Sel : 0,3 g

Faire chauffer le ghee ou le beurre clarifié dans un poêlon, ajouter l'oignon et faire cuire à feu doux jusqu'à ce qu'il soit translucide. Ajouter les pommes de terre, le piment, le curcuma, la coriandre moulue, les graines de cumin et un peu de sel, et faire frire 10 à 15 minutes jusqu'à ce que les pommes de terre soient dorées. Ajouter l'eau et porter à ébullition. Réduire le feu et faire mijoter doucement jusqu'à ce que tout le liquide soit absorbé et que les pommes de terre soient tendres. Laisser tiédir et disposer dans un plat de service. Parsemer de copeaux de noix de coco et de feuilles de coriandre avant de servir.

SUGGESTION

Pour obtenir du beurre clarifié, faire chauffer le beurre doucement dans une petite casserole jusqu'à ébullition et faire bouillir 2 minutes (ou faire chauffer au micro-ondes 1 minute). Passer dans une passoire conique fine ou un tamis tapissé d'étamine pour débarrasser le beurre du sédiment blanc. Conserver au réfrigérateur.

COMMENT FAIRE DES COPEAUX DE NOIX DE COCO

Percer deux trous dans les « yeux » de la noix à l'aide d'un tournevis et d'un marteau. Vider la noix de son lait. Utiliser un marteau pour briser la noix et détacher la pulpe de la coquille. Utiliser un économe pour obtenir des copeaux.

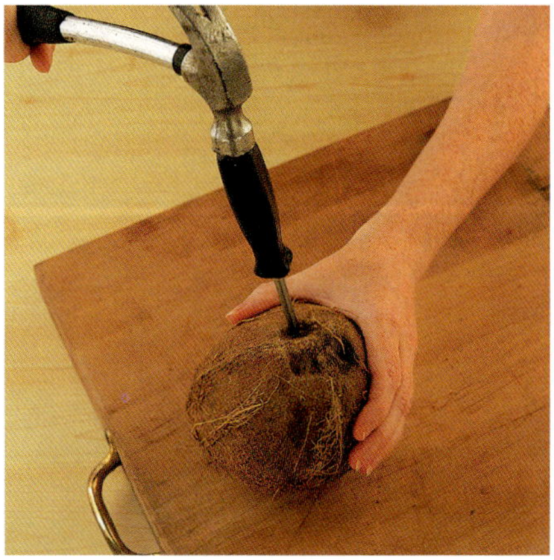

soupes

PORTIONS : 4

PRÉPARATION : 10 MINUTES

RÉFRIGÉRATION : 1 HEURE

soupe glacée aux amandes et à l'ail

125 g (1/4 de lb) d'amandes blanchies
3 tranches de pain de campagne, légèrement rassis, sans les croûtes
4 gousses d'ail, de préférence de saison
60 ml (1/4 de tasse) d'huile d'olive extra-vierge, fruitée
1 litre (4 tasses) d'eau glacée
30 ml (2 c. à soupe) de vinaigre de vin blanc
1 petite grappe de raisins verts, pelés, coupés en deux et épépinés
sel de mer

Mettre les amandes, sauf 4, dans un mélangeur avec le pain, l'ail, l'huile d'olive et la moitié de l'eau et mixer brièvement. En gardant le mixeur en marche, continuer d'ajouter de l'eau jusqu'à l'obtention de la consistance souhaitée – la soupe devrait être onctueuse et pas trop liquide. Ajouter du sel et du vinaigre au goût.

Réfrigérer au moins 1 heure avant de servir ; la soupe devrait être servie très froide. Garnir chaque bol d'une amande et de quelques raisins.

Valeur nutritive, par portion :
Calories : 352
Matières grasses : 28,9 g
Glucides : 15 g
Sel : 0,56 g

PORTIONS : 8 À 10

PRÉPARATION : 10 MINUTES

CUISSON : 40 MINUTES À 2 HEURES

soupe de betteraves avec crème à la ciboulette

900 g (2 lb) de betteraves
25 g (1 1/2 c. à soupe) de beurre
225 g (1/2 lb) d'oignons, hachés
1,2 litre (5 tasses) de bouillon de poulet ou de légumes, chaud
125 ml (1/2 tasse) de lait crémeux
sel et poivre noir fraîchement moulu

Crème à la ciboulette
125 ml (1/2 tasse) de crème sure (crème aigre) ou fraîche
un petit bouquet de ciboulette, hachée finement

Laver soigneusement les betteraves sous l'eau du robinet. Ne pas les gratter — n'enlever que les traces d'argile avec les doigts. Il faut éviter de briser la pelure ou de couper les têtes ou les queues ; les betteraves « saigneraient » pendant la cuisson. Mettre les betteraves dans de l'eau froide, porter à ébullition et laisser mijoter, à couvert, 20 minutes à 2 heures, selon la taille et l'âge des betteraves. Elles sont cuites lorsque les pelures s'enlèvent facilement en les frottant. Enlever les pelures, couper les têtes et les queues.

Réserver les betteraves cuites et rincer la casserole. Faire chauffer le beurre et faire suer les oignons. Hacher les betteraves et les ajouter aux oignons. Saler et poivrer. Verser le bouillon chaud dans un mélangeur avec les légumes et réduire en purée jusqu'à consistance assez lisse. Faire réchauffer, ajouter du lait crémeux, goûter et rectifier l'assaisonnement ; ajouter un peu plus de bouillon ou de lait au besoin. Garnir d'un tourbillon de crème sure (crème aigre) et de ciboulette hachée.

VARIANTE

Pour la servir froide, suivre la recette jusqu'au moment de l'assaisonner. Réduire en purée avec juste ce qu'il faut de bouillon pour couvrir, jusqu'à l'obtention d'une crème onctueuse et lisse. Saler et poivrer. Incorporer de la crème et du yogourt. Servir bien froide décorée de petits tourbillons de yogourt et de ciboulette hachée.

Valeur nutritive, par portion :
Calories : 121
Matières grasses : 6,5 g
Glucides : 13 g
Sel : 1,03 g

PORTIONS : 4

PRÉPARATION : 10 MINUTES

CUISSON : 15 MINUTES

RÉFRIGÉRATION : 2 HEURES

soupe aux pois et à la menthe

50 g (2 oz) d'échalotes, hachées
450 g (1 lb) de pois frais, écossés
25 g (1 oz) de thym frais, haché
75 ml (3 oz) de crème légère
sel et poivre noir fraîchement moulu
25 g (1 oz) de feuilles de menthe fraîche, finement déchiquetées et quelques feuilles entières pour garnir
150 ml (5 oz) de crème sure (crème aigre)

Porter à ébullition 850 ml (3 1/2 tasses) d'eau dans une casserole et ajouter les échalotes, les pois, le thym et la crème légère. Laisser mijoter doucement 8 à 10 minutes jusqu'à ce que les pois soient tendres ; saler et poivrer au goût.

Réduire en purée, par petites quantités à la fois, à l'aide d'un robot culinaire ou d'un mixeur à main avant de passer au tamis pour obtenir une consistance encore plus veloutée et onctueuse.

Pour servir la soupe chaude, la remettre dans une casserole propre, ajouter la menthe, et saler et poivrer au goût. Réchauffer à feu doux. Sinon, incorporer simplement la menthe et réfrigérer au moins 2 heures. Verser à la louche dans de grands bols et garnir d'un tourbillon de crème sure (crème aigre). Garnir de quelques feuilles de menthe et saupoudrer de poivre noir. Servir.

SUGGESTION

Utiliser des pois surgelés si ce n'est pas la saison des pois frais.

Valeur nutritive, par portion :

Calories : 219

Matières grasses : 13 g

Glucides : 17 g

Sel : 0,07 g

PORTIONS : 4

PRÉPARATION : 10 MINUTES

CUISSON : 40 MINUTES

soupe de chou-fleur et d'olives

1 chou-fleur moyen, en bouquets
45 ml (3 c. à soupe) d'huile d'olive vierge
7 g (1/2 c. à soupe) de beurre doux
1 oignon, haché
1 petite poireau, la partie blanche seulement, hachée
700 ml (2 3/4 tasses) de bouillon de poulet (ou de légumes) goûteux
150 ml (5 oz) de lait entier (lait complet)
75 ml (3 oz) de double-crème
6 olives noires, dénoyautées, rincées, asséchées et hachées très finement
15 ml (1 c. à soupe) de ciboulette, hachée
sel et poivre noir fraîchement moulu

Blanchir les bouquets de chou-fleur dans une grande casserole d'eau bouillante salée 2 minutes ; bien égoutter. Rincer la casserole, faire chauffer 15 ml (1 c. à soupe) de l'huile avec le beurre, faire suer l'oignon et le poireau jusqu'à tendreté. Verser le bouillon et le lait et porter à ébullition.

Ajouter le chou-fleur, réduire le feu et laisser mijoter 15 à 20 minutes, jusqu'à ce que le chou-fleur soit presque réduit en purée. Verser dans un mélangeur ou un robot culinaire et réduire en purée lisse. Remettre dans la casserole, ajouter la double-crème et les olives et assaisonner légèrement au goût — ne pas oublier que les olives sont déjà salées.

Pour servir, verser la soupe dans des bols, arroser du reste de l'huile d'olive et garnir de ciboulette hachée.

Valeur nutritive, par portion :
Calories : 283
Matières grasses : 23,8 g
Glucides : 10 g
Sel : 1,23 g

PORTIONS : 4

PRÉPARATION : 10 MINUTES

CUISSON : 15 MINUTES

soupe à la noix de coco et au cari

30 ml (2 c. à soupe) d'huile d'olive
25 g (1 oz) de gingembre frais, râpé
25 g (1 oz) d'échalote, hachée finement
25 g (1 oz) d'oignon rouge, haché finement
25 g (1 oz) de carotte, hachée finement
25 g (1 oz) de cari
800 ml (3 1/4 tasses) de lait de coco
en conserve
sel et poivre noir fraîchement moulu

Faire chauffer l'huile d'olive dans une grande casserole. Ajouter le gingembre, l'échalote, l'oignon et la carotte et faire revenir environ 5 minutes jusqu'à tendreté, mais sans les laisser prendre couleur, en remuant de temps à autre.

Ajouter le cari et faire cuire 2 à 3 minutes de plus, en remuant sans arrêt. Verser 75 ml (3 oz) d'eau et porter à ébullition ; ajouter le lait de coco et faire réchauffer.

Réduire en purée dans la casserole à l'aide d'un mixeur à main ; saler et poivrer au goût. Réchauffer à feu doux,verser à la louche dans des bols chauds et servir aussitôt.

SUGGESTION

Veiller à utiliser un cari de qualité et bien frais et non celui qui traîne dans le fond de l'armoire depuis six mois.

Valeur nutritive, par portion :

Calories : 395

Matières grasses : 38,7 g

Glucides : 9 g

Sel : 0,64 g

PORTIONS : 4

PRÉPARATION : 10 MINUTES

CUISSON : 45 MINUTES

RÉFRIGÉRATION : 1 HEURE

vichyssoise au cresson avec crème et caviar

2 bouquets de cresson
50 g (3 c. à soupe) de beurre doux
1 oignon, haché
2 poireaux, la partie blanche seulement, hachée
450 g (1 lb) de pommes de terre, pelées et coupées en dés
850 ml (3 1/2 tasses) de bouillon de poulet
125 ml (1/2 tasse) de double-crème
sel et poivre noir fraîchement moulu

Pour la garniture
100 ml (3 1/2 oz) de double-crème, à demi fouettée
20 g (3/4 d'oz) de caviar

Retirer les feuilles d'un bouquet de cresson et réserver. Blanchir l'autre bouquet et les tiges du premier dans de l'eau bouillante, égoutter, rafraîchir à l'eau froide et égoutter à nouveau. Hacher finement.

Faire chauffer le beurre dans une casserole, ajouter l'oignon, les poireaux et les pommes de terre ; couvrir et laisser suer à feu doux jusqu'à tendreté. Verser le bouillon de poulet, ajouter le cresson haché et porter à ébullition. Faire mijoter 20 à 25 minutes jusqu'à ce que les pommes de terre se défassent. Réduire la soupe en purée à l'aide d'un mixeur à main. Laisser refroidir et incorporer ensuite la double-crème. Saler et poivrer au goût et refroidir complètement.

Verser dans des bols de service, garnir des feuilles de cresson réservées, déposer une bonne cuillerée de crème au centre de chaque bol et surmonter de caviar.

Valeur nutritive, par portion :
Calories : 457
Matières grasses : 38 g
Glucides : 23 g
Sel : 1,39 g

PORTIONS : 4

PRÉPARATION : 15 MINUTES

CUISSON : 45 MINUTES

soupe de poisson andalouse à l'aïoli de safran

100 ml (3 1/2 oz) d'huile d'olive
1 oignon, haché finement
2 gousses d'ail, écrasées
3 ml (1/2 c. à thé) de flocons de piment rouge séché
1 petite feuille de laurier
3 ml (1/2 c. à thé) de cumin moulu
5 ml (1 c. à thé) de zeste d'orange, râpé
une généreuse pincée de filaments de safran
1 litre (4 tasses) de fumet de poisson
325 g (3/4 de lb) de crustacés et mollusques (par ex. moules et palourdes)
3 tranches de pain blanc
5 ml (1 c. à thé) chacun de concentré de tomate et de paprika fumé
450 g (1 lb) d'un mélange de filets de poisson, coupés en morceaux de 2,5 cm (1 po)
sel et poivre noir fraîchement moulu

Aïoli
1 gousse d'ail, hachée
une généreuse pincée de filaments de safran
15 ml (1 c. à soupe) de jus de citron
150 ml (5 oz) de mayonnaise

Faire chauffer la moitié de l'huile dans une grande casserole, ajouter l'oignon et faire cuire environ 8 minutes jusqu'à tendreté. Ajouter l'ail, les flocons de piment rouge, la feuille de laurier, le cumin, le zeste d'orange et le safran. Verser le fumet de poisson, porter à ébullition et laisser mijoter 10 à 15 minutes.

Pendant ce temps, nettoyer les moules et les palourdes à l'eau du robinet et ébarber les moules. Jeter les moules fermées ou les palourdes qui ne ferment pas lorsqu'elles sont frappées sur la surface de travail.

Faire tremper le pain dans un peu d'eau, bien l'essorer et le mettre dans le mélangeur avec le concentré de tomate, le paprika fumé et le reste de l'huile. Transformer en purée et ajouter à la soupe. Ajouter délicatement le poisson à la soupe et laisser mijoter doucement 5 minutes. Ajouter les crustacés et mollusques et faire cuire 3 à 4 minutes jusqu'à ce que les coquilles ouvrent. Saler et poivrer et garder la soupe chaude.

Préparation de l'aïoli : piler l'ail et le safran dans un mortier avec le jus de citron et incorporer à la mayonnaise.

Répartir le poisson et les crustacés et les mollusques dans 4 bols et y verser le bouillon. Servir avec l'aïoli et un bon pain croûté pour imbiber les jus.

Valeur nutritive, par portion :
Calories : 703
Matières grasses : 54 g
Glucides : 17 g
Sel : 2,39 g

PORTIONS : 4

PRÉPARATION : 5 MINUTES

CUISSON : 15 MINUTES

soupe au sauvignon blanc et saumon fumé

500 ml (2 tasses) de fumet de poisson
250 ml (1 tasse) de crème légère
250 ml (1 tasse) de sauvignon blanc
5 jaunes d'œufs
une généreuse pincée de muscade fraîchement moulue
sel et poivre noir fraîchement moulu
4 tranches de saumon fumé

Verser le fumet de poisson dans une casserole à fond épais avec la crème, le sauvignon blanc, les jaunes d'œufs et de la muscade au goût. Bien fouetter ; porter à ébullition et laisser mijoter doucement et poursuivre la cuisson, en fouettant continuellement jusqu'à ce que le mélange ait légèrement épaissi et ait la consistance d'une soupe. Retirer du feu et assaisonner au goût.

Couper le saumon en lanières et répartir dans quatre bols évasés. Verser la soupe à la louche et assaisonner de poivre noir et de muscade. Servir.

Valeur nutritive, par portion :
Calories : 283
Matières grasses : 20,2 g
Glucides : 3 g
Sel : 1,72 g

PORTIONS : 4

PRÉPARATION : 15 MINUTES

CUISSON : 2 À 3 HEURES

soupe aux pois chiches, au bacon et au piment rouge

600 g (1 1/4 lb) de pois chiches secs
200 g (7 oz) de bacon entrelardé
45 ml (3 c. à soupe) d'huile d'olive
1 gros oignon, haché finement
2 gousses d'ail, hachées finement
2 piments rouges longs, épépinés et hachés finement
2,5 litres (10 tasses) de bouillon de poulet (maison, de préférence)
sel et poivre noir fraîchement moulu

Mettre les pois chiches dans un grand bol et couvrir d'eau. Laisser tremper 24 heures. Égoutter les pois chiches, les mettre dans une grande casserole et les couvrir d'eau. Porter à ébullition et faire bouillir à gros bouillons 10 minutes, égoutter et rincer à l'eau froide – ceci permettra d'éliminer toute présence de toxine. Retirer la couenne du bacon, couper le morceau en deux ; trancher une moitié en lanières et conserver l'autre moitié telle quelle. Réserver.

Remettre la casserole sur le feu, ajouter 30 ml (2 c. à soupe) de l'huile d'olive et faire suer l'oignon, l'ail et les piments rouges 5 minutes jusqu'à légèrement colorés, en remuant de temps à autre. Ajouter les pois chiches égouttés et faire cuire 2 minutes de plus en remuant. Verser le bouillon et ajouter le morceau de bacon entier ; porter à ébullition. Baisser le feu et laisser mijoter doucement jusqu'à ce que les pois chiches soient tendres, soit de 1 1/2 à 3 heures, selon l'âge des pois chiches.

Retirer le morceau de bacon du mélange de pois chiches et le jeter ; réduire la soupe en purée à l'aide d'un mixeur à main jusqu'à consistance onctueuse. Saler et poivrer au goût et garder chaude. Faire chauffer le poêlon et ajouter le reste de l'huile d'olive. Faire dorer les lanières de bacon réservées à feu assez vif 2 à 3 minutes. Égoutter sur du papier absorbant. Verser la soupe dans des bols évasés chauds et garnir de bacon. Servir immédiatement.

SUGGESTION

Utiliser des pois chiches en conserve si le temps manque. Réduire le temps de cuisson à environ 30 minutes.

Valeur nutritive, par portion :
Calories : 729
Matières grasses : 28,5 g
Glucides : 79 g
Sel : 3,8 g

PORTIONS : 4

PRÉPARATION : 5 MINUTES

CUISSON : 35 MINUTES

soupe libanaise aux lentilles

60 ml (1/4 de tasse) d'huile d'olive
1 oignon, haché finement
1 gousse d'ail, écrasée
200 g (7 oz) de lentilles rouges
15 ml (1 c. à soupe) de cardamome, fraîchement moulue
1 ml (1/4 de c. à thé) de piment de la Jamaïque moulu
3 ml (1/2 c. à thé) de zeste de citron, râpé
1 litre (4 tasses) de bouillon de bœuf
30 ml (2 c. à soupe) de jus de citron
quatre petites poignées de croûtons de pain
sel et poivre noir fraîchement moulu
quelques graines de cardamome grossièrement concassées, pour garnir

Faire chauffer la moitié de l'huile dans un grand poêlon, ajouter l'oignon et l'ail et faire cuire 2 à 3 minutes jusqu'à tendreté. Ajouter les lentilles et bien remuer pour enrober d'huile. Ajouter la cardamome, le piment de la Jamaïque et le zeste de citron ; verser le bouillon et porter à ébullition. Réduire le feu et laisser mijoter environ 30 minutes jusqu'à ce que les lentilles soient très tendres. Laisser tiédir légèrement et réduire en purée à texture grossière à l'aide d'un mixeur à main. Réchauffer à feu doux, saler et poivrer. Incorporer le jus de citron et le reste de l'huile dans la soupe, ajouter les croûtons de pain et garnir de graines de cardamome concassées. Servir immédiatement.

Valeur nutritive, par portion :
Calories : 336
Matières grasses : 15,2 g
Glucides : 37 g
Sel : 1,25 g

PORTIONS : 4

PRÉPARATION : 10 MINUTES

CUISSON : 50 MINUTES

bisque de maïs au fromage et au bacon fumé

3 épis de maïs
300 ml (1 1/4 tasse) de lait entier (lait complet)
25 g (1 1/2 c. à soupe) de beurre doux
1 oignon, haché
1 branche de céleri, hachée
25 g (3 c. à soupe) de farine
300 ml (1 1/4 tasse) de bouillon de poulet ou de légumes
150 g (5 oz) de cheddar, râpé
75 g (3 oz) de bacon fumé, tranché mince
sel et poivre noir fraîchement moulu

Retirer les grains de maïs des épis tel qu'il est illustré ci-dessous. Les mettre dans une casserole avec le lait et porter à ébullition. Baisser le feu et laisser mijoter 10 à 15 minutes jusqu'à tendreté. Égoutter le maïs et réserver le lait. Rincer la casserole, faire fondre le beurre et faire revenir doucement l'oignon et le céleri jusqu'à tendreté. Ajouter la farine, faire cuire 2 à 3 minutes à feu doux et ajouter graduellement le lait et le bouillon en remuant. Porter doucement à ébullition en remuant constamment jusqu'à épaississement. Réduire le feu et laisser mijoter 15 à 20 minutes. Ajouter le maïs et la moitié du fromage, et laisser mijoter doucement 5 minutes ; réduire en purée au mixeur à main. Réchauffer et saler et poivrer.

Faire cuire le bacon jusqu'à ce qu'il soit croustillant ; émietter. Parsemez la bisque de bacon et du reste de fromage juste avant de servir.

COMMENT ENLEVER LES GRAINS DE MAÏS DE L'ÉPI

Retirer l'enveloppe et la barbe des épis. Tenir l'épi à la verticale sur une surface de travail et trancher les grains à l'aide d'un couteau tranchant.

Valeur nutritive, par portion :
Calories : 387
Matières grasses : 25,4 g
Glucides : 22 g
Sel : 1,99 g

PORTIONS : 2

PRÉPARATION : 5 MINUTES

CUISSON : 60 MINUTES

soupe à l'orge perlé doré

600 ml (2 1/2 tasses) de bouillon de légumes
1 oignon, haché finement
1 branche de céleri, hachée finement
40 g (1 1/2) d'orge perlé
une pincée de safran
une pincée de fines herbes mélangées
50 g (2 oz) de rutabaga
1 carotte, hachée
une goutte de sauce soja
une poignée de germes de haricots mungo
poivre noir fraîchement moulu

Faire chauffer la moitié du bouillon de légumes dans une grande casserole. Ajouter l'oignon et le céleri et laisser mijoter 5 minutes. Ajouter l'orge perlé, le safran et les fines herbes et laisser mijoter 30 minutes. Ajouter le rutabaga, la carotte et le reste du bouillon de légumes, couvrir et laisser mijoter 20 minutes de plus jusqu'à ce que les légumes et l'orge soient tendres.

Ajouter la sauce soja, le poivre et les germes de haricots, laisser mijoter 2 à 3 minutes de plus et servir.

Valeur nutritive, par portion :
Calories : 254
Matières grasses : 2 g
Glucides : 15 g
Sel : 1,20 g

PORTIONS : 4

PRÉPARATION : 10 MINUTES

CUISSON : 45 MINUTES

soupe de **carottes** marocaine à la chermoula

25 g (1 1/2 c. à soupe) de beurre doux
un morceau de 1 cm (1/2 po) de gingembre frais, haché très finement
1 ml (1/4 de c. à thé) de curcuma moulu
1 ml (1/4 de c. à thé) de cumin moulu
1 oignon, haché
un poireau, la partie blanche seulement, hachée
450 g (1 lb) de carottes, coupées en petits morceaux
1 ml (1/4 de c. à thé) de paprika
1 litre (4 tasses) de bouillon de légumes
sel et poivre noir fraîchement moulu

Chermoula
125 g (1/4 de lb) de coriandre fraîche
1 gousse d'ail, écrasée
1 ml (1/4 de c. à thé) de coriandre moulue
1 ml (1/4 de c. à thé) de cumin moulu
100 ml (3 1/2 oz) d'huile d'olive
le jus de 1/4 de citron

Faire chauffer le beurre dans une grande casserole, ajouter le gingembre, le curcuma et le cumin et faire suer de 1 à 2 minutes. Ajouter l'oignon, le poireau et les carottes et laisser suer 5 minutes. Incorporer le paprika et le bouillon de légumes. Porter à ébullition, réduire le feu et laisser mijoter jusqu'à ce que les légumes soient tendres, environ 30 minutes. Réduire en purée à l'aide d'un mixeur à main jusqu'à consistance lisse ; faire ensuite réchauffer et saler et poivrer au goût.

Pour la chermoula : mettre tous les ingrédients dans un mélangeur et réduire en pâte. Servir la soupe dans des bols individuels, agrémentée d'environ 15 ml (1 c. à soupe) de chermoula dans chacun.

SUGGESTION

Chermoula est le nom que porte le mélange d'herbes, d'épices, d'huile et de jus de citron qui sert habituellement à mariner le poisson ou la viande. La variante ci-dessus se compare davantage à une sauce. La recette ci-dessus donnera une quantité beaucoup plus importante que celle nécessaire pour la recette. Utiliser le reste pour parfumer vinaigrettes et pâtes ou comme sauce piquante et savoureuse. La chermoula se conserve au frigo 3 à 4 jours, mais perdra sa couleur vive après 2 jours.

Valeur nutritive, par portion :
Calories : 328
Matières grasses : 28,9 g
Glucides : 14 g
Sel : 1,17 g

PORTIONS : 4

PRÉPARATION : 15 MINUTES

CUISSON : 35 MINUTES

soupe à la citrouille épicée

900 g (2 lb) de citrouille (ou de potiron), pelée, épépinée et coupée en cubes de 1 cm (1/2 po)
175 g (6 oz) d'oignon, pelé et haché
2 gousses d'ail, écrasées
25 g (1 1/2 c. à soupe) de beurre
1 brin de thym
450 g (1 lb) de tomates très mûres, pelées et hachées ou 400 g (14 oz) de tomates en conserve, épépinées et hachées grossièrement
15 ml (1 c. à soupe) de concentré de tomate
1,2 litre (5 tasses) de bouillon de poulet goûteux
une pincée de muscade
35 g (2 c. à soupe) de beurre
3 ml (1/2 c. à thé) de graines de cumin
3 ml (1/2 c. à thé) de graines de coriandre
3 ml (1/2 c. à thé) de grains de poivre noir
5 ml (1 c. à thé) de graines de moutarde blanche
un bâton de 5 cm (2 po) de cannelle
sel et poivre fraîchement moulu

Mettre la citrouille ou le potiron dans une casserole avec l'oignon, l'ail, le beurre et le thym. Couvrir et laisser suer à feu doux 10 minutes en remuant une ou deux fois. Ajouter les tomates hachées – et 3 à 5 ml (1/2 à 1 c. à thé) de sucre dans le cas de tomates en conserve –, et le concentré de tomate, et laisser cuire jusqu'à l'obtention d'une sauce épaisse. Ajouter le bouillon, du sel, du poivre et un peu de muscade ; laisser mijoter jusqu'à ce que la citrouille soit très tendre. Jeter le brin de thym et réduire en purée à l'aide d'un mixeur à main. Ajouter un peu de bouillon ou d'eau si la purée est trop épaisse. Goûter et rectifier l'assaisonnement.

Juste avant de servir, faire réchauffer à feu doux la soupe et verser dans un bol de service chaud. Faire chauffer la coriandre, le cumin et les grains de poivre et concasser grossièrement. Faire fondre le beurre dans une petite casserole et, lorsqu'il est mousseux, ajouter les épices concassées, les graines de moutarde et la cannelle. Remuer quelques secondes jusqu'à ce que les graines de moutarde commencent à éclater. Retirer le bâton de cannelle et verser rapidement sur la soupe. Servir en mélangeant le beurre épicé à la soupe.

Valeur nutritive, par portion :
Calories : 130
Matières grasses : 9,3 g
Glucides : 9 g
Sel : 1,05 g

PORTIONS : 6

PRÉPARATION : 35 MINUTES

CUISSON : 25 MINUTES

soupe aux pommes de terre et aux poivrons rouges grillés

4 gros poivrons rouges, grillés et pelés tel qu'il est illustré ci-dessous
50 g (3 c. à soupe) de beurre
425 g (15 oz) de pommes de terre, pelées et coupées en cubes de 1 cm (1/2 po)
110 g (1/4 de lb) d'oignon, coupé en cubes de 1 cm (1/2 po)
5 ml (1 c. à thé) de sel
poivre noir fraîchement moulu
15 à 30 ml (1 à 2 c. à soupe) en tout de persil, thym, zeste de citron, ciboulette, tous hachés
850 ml (3 1/2 tasses) de bouillon de poulet ou de légumes goûteux
125 ml (1/2 tasse) de lait crémeux
fines herbes fraîches, hachées et des fleurs de ciboulette ou de thym en saison pour garnir

Valeur nutritive, par portion :
Calories : 171
Matières grasses : 8,3 g
Glucides : 21 g
Sel : 1,51 g

Réduire en purée la chair des poivrons avec les jus. Goûter, assaisonner et réserver. Faire fondre le beurre dans une casserole à fond épais. Lorsqu'il est mousseux, ajouter les pommes de terre et l'oignon et bien les enrober de beurre. Saler et poivrer légèrement. Couvrir d'une pellicule de plastique ou d'un couvercle de papier et du couvercle de la casserole. Faire suer à feu doux 10 minutes. Pendant ce temps, porter le bouillon à ébullition. Lorsque les légumes sont ramollis, mais non colorés, ajouter le bouillon et poursuivre la cuisson jusqu'à ce que les légumes soient tendres. Réduire en purée à l'aide d'un mixeur à main. Goûter et rectifier l'assaisonnement. Allonger la soupe avec du lait crémeux jusqu'à l'obtention de la consistance désirée. Juste avant de servir, faire un tourbillon avec la purée de poivron rouge dans la soupe ou la verser simplement en filet. Garnir de fines herbes et servir.

COMMENT FAIRE GRILLER ET PELER LES POIVRONS

Préchauffer le four à 250 °C / 475 °F / 9 au four à gaz. Disposer les poivrons sur une plaque à pâtisserie et faire cuire 20 à 30 minutes jusqu'à ce qu'ils soient cuits et cloqués. Les mettre dans un bol et couvrir d'une pellicule plastique. Laisser refroidir. Peler et épépiner les poivrons, mais ne pas les rincer.

poissons et crustacés

PORTIONS : 4

PRÉPARATION : 10 MINUTES

CUISSON : 90 MINUTES

pommes de terre au crabe et noix de Grenoble

4 pommes de terre à cuire au four, de grosseur moyenne
100 ml (3 1/2 oz) de crème fraîche
30 ml (2 c. à soupe) de ciboulette, persil ou autre herbe fraîche au choix, hachée
100 g (3 1/2 oz) de chair de crabe
2 poignées de feuilles de roquette (la moitié pour garnir)
feuilles de fines herbes, pour garnir
noix de Grenoble et ciboulette hachées, pour servir
sel et poivre noir fraîchement moulu

Préchauffer le four à 180 °C / 350 °F / 4 au four à gaz. Rincer les pommes de terre à l'eau, les emballer dans du papier aluminium et faire cuire au four pendant 1 heure. Les retirer du four et laisser refroidir entièrement. Laisser le four à la même température.

Retrancher le dessus de chaque pomme de terre, laissant deux tiers à la base. Vider la chair à l'intérieur dans un bol, laissant 5 mm (1/4 de po) de chair attachée à la pelure. Ajouter la crème fraîche, les herbes, la chair de crabe et la roquette hachées grossièrement, et bien mélanger avec la chair de pommes de terre. Saler et poivrer au goût. Remplir chaque pomme de terre du mélange. Déposer sur une plaque à pâtisserie et faire cuire dans le four préchauffé 20 minutes ou jusqu'à ce que le dessus soit doré. Garnir d'herbes fraîches et servir sur un lit de noix de Grenoble et de ciboulette hachées.

CRABE SECTIONNÉ

450 g (1 lb) de crabe cuit avec sa carapace donne environ 175 à 225 g (6 à 8 oz) de chair, selon le temps de l'année.

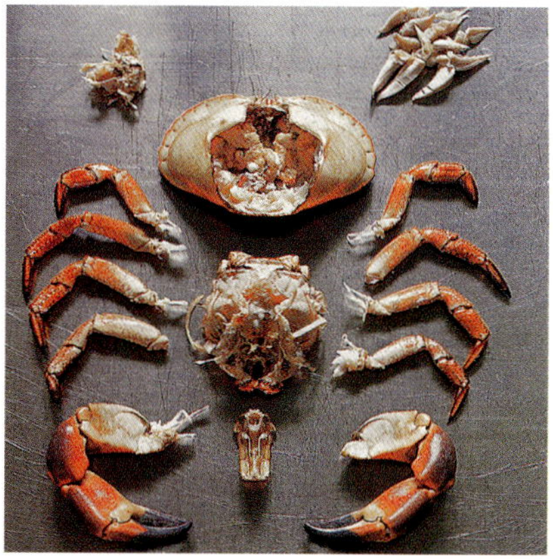

Valeur nutritive, par portion :
Calories : 227
Matières grasses : 9,5 g
Glucides : 28 g
Sel : 0,61 g

PORTIONS : 4

PRÉPARATION : 10 MINUTES

CUISSON : 1 HEURE 20 MINUTES

baudroie braisée avec sauce au vin rouge

30 ml (2 c. à soupe) d'huile d'olive
50 g (3 c. à soupe) de beurre
1 kg (2 lb) de queues de baudroie, parées
400 g (14 oz) d'oignons perlés, pelés
4 gousses d'ail, écrasées
4 gros brins de thym
1 bouteille de vin rouge foncé
1 litre (4 tasses) de bouillon de poulet
225 g (1/2 lb) de haricots lingots, mis à tremper une nuit entière
sel et poivre noir fraîchement moulu

Faire chauffer une grande cocotte à feu moyen et ajouter l'huile d'olive et le beurre. Saler et poivrer la baudroie, ajouter à la cocotte et faire cuire environ 1 minute sur tous les côtés pour sceller. Retirer le poisson de la cocotte à l'aide d'une cuiller à égoutter et réserver.

Ajouter les oignons perlés, l'ail et le thym et faire dorer quelques minutes. Verser le vin rouge et le bouillon de poulet. Égoutter les haricots lingots et les ajouter à la cocotte. Couvrir et faire cuire dans un four préchauffé environ 1 heure ou jusqu'à ce que les haricots soient tendres.

Ajouter la baudroie à la cocotte, couvrir et remettre au four 10 minutes de plus. Saler et poivrer au goût et servir immédiatement.

SUGGESTION

Utiliser des haricots lingots en conserve si le temps manque ; faire cuire 30 minutes au lieu d'une heure.

Valeur nutritive, par portion :

Calories : 664

Matières grasses : 18,1 g

Glucides : 41 g

Sel : 1,53 g

PORTIONS : 4

PRÉPARATION : 15 MINUTES

CUISSON : 20 MINUTES

cari de baudroie à la mangue verte et au basilic thaïlandais

30 ml (2 c. à soupe) d'huile végétale
30 ml (2 c. à soupe) de pâte de cari vert
450 g (1 lb) de filets de baudroie, coupés en gros dés
1 tige de citronnelle, enveloppe rigide extérieure retirée, la partie tendre hachée
300 ml (10 oz) de lait de coco
4 feuilles de limier kaffir
5 ml (1 c. à thé) de curcuma moulu
5 ml (1 c. à thé) de coriandre moulue
1 aubergine, coupée en gros bâtonnets
30 ml (2 c. à soupe) de *nam pla* (sauce de poisson thaïlandaise)
3 piments verts, hachés finement
1/2 mangue verte, pas mûre, pelée, dénoyautée et tranchée mince
10 feuilles de basilic thaïlandais, hachées grossièrement

Faire chauffer l'huile dans un grand poêlon à fond épais, ajouter la pâte de cari et faire revenir jusqu'à ce qu'elle bouillonne et dégage son arôme. Ajouter la baudroie et la citronnelle et faire cuire à feu doux environ 2 minutes. Incorporer le lait de coco, les feuilles de limier kaffir, le curcuma et la coriandre et porter à ébullition. Ajouter l'aubergine et la sauce de poisson et faire cuire à feu doux environ 5 minutes, jusqu'à ce que le poisson soit cuit. En dernier, ajouter les piments verts et la mangue et mélanger. Servir immédiatement, garni de basilic haché.

SUGGESTION

En l'absence de feuilles de limier kaffir, utiliser une feuille de laurier et 3 ml (1/2 c. à thé) de zeste de lime râpé.

Valeur nutritive, par portion :

Calories : 302

Matières grasses : 20,3 g

Glucides : 10 g

Sel : 1,94 g

PORTIONS : 4

PRÉPARATION : 15 MINUTES

CUISSON : 15 MINUTES

TEMPS À MARINER : 6 À 12 HEURES

nouilles soba au soja, à la coriandre et aux calmars marinés

150 ml (5 oz) d'huile d'olive
10 g (2 c. à thé) de beurre
2 limes, tranchées
1 tige de citronnelle, hachée
1/2 bouquet de coriandre, hachée
50 g (2 oz) de gingembre frais, haché
450 g (1 lb) de petits calmars, tranchés en rondelles
150 g (5 oz) de nouilles soba (offertes dans les marchés asiatiques)
45 ml (3 c. à soupe) de sauce soja
30 ml (2 c. à soupe) de coriandre, hachée
feuilles de coriandre, pour garnir

Faire chauffer l'huile d'olive et le beurre dans un wok à feu doux. Ajouter les limes, la citronnelle, la coriandre et le gingembre et cuire 4 minutes. Retirer du feu et ajouter les rondelles de calmar. Transférer dans un plat peu profond et laisser mariner toute la nuit. Retirer les calmars de la marinade à l'aide d'une cuiller à égoutter. Faire chauffer 2 à 3 c. à soupe de marinade dans le wok, ajouter les calmars et faire revenir 3 à 4 minutes.

Mettre les nouilles soba dans un grand bol et les couvrir d'eau bouillante. Laisser tremper 30 secondes, égoutter et ajouter les calmars. Bien mélanger et ajouter la sauce soja et la coriandre. Servir immédiatement, garni de feuilles de coriandre.

COMMENT PRÉPARER LE CALMAR

Couper les tentacules, retirer les entrailles du sac en tirant et les jeter. Enlever la partie dure (le « bec ») et le cartilage (la « plume »). Enlever les ailes en tirant et gratter la membrane mauve qui les recouvre et le sac. Trancher le corps en rondelles.

Valeur nutritive, par portion :
Calories : 378
Matières grasses : 17,6 g
Glucides : 32 g
Sel : 2,42 g

PORTIONS : 4

PRÉPARATION : 20 MINUTES

CUISSON : 10 MINUTES

sauté de fruits de mer à l'ail et aux grains de poivre

30 ml (2 c. à soupe) d'huile végétale
3 gousses d'ail, hachées finement
60 g (2 1/2 oz) de calmar, nettoyé et coupé en morceaux de 2 cm (3/4 de po) (voir page 78)
4 crevettes géantes crues, décortiquées et déveinées
4 pétoncles
4 pinces de crabe, écrasées
15 ml (1 c. à soupe) de *nam pla* (sauce de poisson thaïlandaise)
15 ml (1 c. à soupe) de sauce aux huîtres
15 ml (1 c. à soupe) de sauce soja légère
3 ml (1/2 c. à thé) de sucre
3 ml (1/2 c. à thé) de poivre blanc moulu
50 g (2 oz) de grains de poivre vert frais, sur tige et cuits par petites quantités à la fois (offerts dans les marchés asiatiques)

Dans un wok ou un poêlon, faire chauffer l'huile et faire dorer l'ail.

Ajouter les fruits de mer avec les autres ingrédients et faire revenir à feu vif 2 à 3 minutes. Transférer dans un plat de service.

Valeur nutritive, par portion :
Calories : 153
Matières grasses : 8 g
Glucides : 2 g
Sel : 1,63 g

PORTIONS : 4 À 6

PRÉPARATION : 10 MINUTES

CUISSON : 30 MINUTES

saumon grillé à la salsa de légumes

60 ml (1/4 de tasse) de coriandre fraîche, hachée
1 oignon rouge, haché finement
4 tomates italiennes, pelées, épépinées et coupées en dés (voir page 90)
le jus d'un citron
sel et poivre noir fraîchement moulu
110 g (4 oz) de mayonnaise (maison, de préférence)
600 g (1 1/4 lb) de filet de saumon, peau enlevée et tranché mince
un peu d'huile d'olive

La salsa : mettre la moitié de la quantité de coriandre dans un bol avec l'oignon rouge, les tomates et le jus de citron ; saler et poivrer au goût. Mélanger et réserver 30 minutes pour permettre aux saveurs de se mêler.

Préchauffer le gril. Mélanger le reste de la coriandre dans un bol avec la mayonnaise et assaisonner au goût. Disposer les tranches de saumon en les superposant sur une grande plaque à pâtisserie légèrement huilée.

Étendre la mayonnaise à la coriandre sur le saumon et passer sous le gril 30 secondes à 1 minute jusqu'à ce que la mayonnaise bouillonne et soit légèrement dorée, et jusqu'à ce que le saumon soit juste assez chaud.

Effeuiller soigneusement le saumon, combiner à la salsa et déposer dans des assiettes de service chaudes. Servir aussitôt, accompagné d'une salade verte et de pain, si désiré.

SUGGESTION

Pour une petite touche piquante, ajouter un demi-piment rouge haché finement à la salsa.

Valeur nutritive, par portion :
Calories : 502
Matières grasses : 39 g
Glucides : 6 g
Sel : 0,52 g

PORTIONS : 4

PRÉPARATION : 10 MINUTES

CUISSON : 30 MINUTES

TEMPS À MARINER : 2 À 3 HEURES

bar grillé à la chermoula

1,5 kg (3 lb) de bar commun

Chermoula
2 gousses d'ail
sel de mer
10 ml (2 c. à thé) de cumin moulu
5 ml (1 c. à thé) de paprika
1 ml (1/4 de c. à thé) de poivre de Cayenne
45 ml (3 c. à soupe) de coriandre fraîche, hachée finement
15 ml (1 c. à soupe) de persil plat frais, haché finement
15 ml (1 c. à soupe) de feuilles de céleri, hachées finement
le jus de 1/2 citron
1/2 citron confit, haché finement
30 ml (2 c. à soupe) d'huile d'olive

Mélanger tous les ingrédients de la chermoula. Faire plusieurs entailles profondes en travers des deux surfaces extérieures du poisson. Répandre la chermoula sur le poisson en veillant à bien remplir les entailles. Laisser mariner de 2 à 3 heures.

Préchauffer le gril à température maximale ou, mieux encore, allumer le barbecue. Faire griller le poisson à proximité de la chaleur 15 minutes de chaque côté.

Valeur nutritive, par portion :
Calories : 321
Matières grasses : 12,5 g
Glucides : 2 g
Sel : 0,71 g

PORTIONS : 4

PRÉPARATION : 15 MINUTES

CUISSON : 10 MINUTES

TEMPS À MARINER : 30 MINUTES

souvlakis d'espadon au cumin

750 g (1 lb 10 oz) de filets d'espadon, parés et coupés en cubes de 4 cm (1 1/2 po)
30 ml (2 c. à soupe) d'huile d'olive
30 ml (2 c. à soupe) de persil, haché
15 ml (1 c. à soupe) d'origan, haché
5 ml (1 c. à thé) de graines de cumin
une pincée de paprika fumé
2 gousses d'ail, écrasées
le jus d'un citron
1 poivron rouge et 1 poivron vert, coupés en dés de 2,5 cm (1 po)
1 oignon rouge, coupé en petits quartiers

Pour servir
8 pains plats (lavash, pita ou même des tortillas)
1/4 de concombre, épépiné et haché
150 g (5 oz) de yogourt grec
30 ml (2 c. à soupe) de menthe, hachée
30 ml (2 c. à soupe) de coriandre, hachée
1 gousse d'ail, écrasée
sel et poivre noir fraîchement moulu

Mettre les cubes d'espadon dans un bol, ajouter l'huile d'olive, le persil, l'origan, les graines de cumin, le paprika et l'ail et bien mélanger. Arroser du jus de citron et laisser mariner 30 minutes.

Embrocher les cubes d'espadon sur 8 brochettes, en alternant avec les poivrons et l'oignon rouge et badigeonner de marinade. Faire cuire les souvlakis au barbecue (ou dans un poêlon à nervures si la cuisson se fait à l'intérieur), en les tournant fréquemment et en les badigeonnant continuellement de marinade ; 4 à 5 minutes de cuisson devraient suffire.

Pendant que l'espadon cuit, emballer les pains plats dans du papier aluminium et les faire bien chauffer dans un four à chaleur moyenne. Mélanger le concombre, le yogourt grec, les herbes et l'ail ; saler et poivrer au goût. Tartiner les pains chauds du mélange. Retirer le poisson des brochettes et le déposer sur le mélange au yogourt, façonner des cônes avec le pain et servir immédiatement.

SUGGESTION

Si des brochettes de bambou sont utilisées, veiller à les faire tremper dans de l'eau au préalable pour les empêcher de brûler.

Valeur nutritive, par portion :
Calories : 285
Matières grasses : 13,5 g
Glucides : 8 g
Sel : 0,60 g

PORTIONS : 4

PRÉPARATION : 10 MINUTES

CUISSON : 30 MINUTES

pétoncles grillés à la pancetta et purée de pois

110 g (1/4 de lb / 1/2 tasse) de beurre
2 échalotes, hachées grossièrement
225 g (1/2 lb) de pois frais ou surgelés
5 g (1 c. à thé) de sucre semoule
150 ml (5 oz) de double-crème
le jus d'un citron
12 à 20 pétoncles, selon qu'il s'agit d'amuse-gueule ou d'un plat principal
8 tranches fines de pancetta
sel et poivre noir fraîchement moulu
feuilles de laitue, pour servir
persil plat, pour garnir

Faire chauffer la moitié du beurre dans un grand poêlon à feu doux, ajouter les échalotes, couvrir et faire suer jusqu'à ce qu'elles commencent à ramollir. Ajouter les pois et faire cuire 1 minute avant d'ajouter le sucre, les assaisonnements et la crème. Porter à ébullition et faire cuire doucement environ 15 minutes jusqu'à ce que la crème ait réduit.

Réduire en purée le mélange à l'aide d'un mixeur à main ; si le mélange n'est pas assez épais, faire cuire doucement jusqu'à ce qu'il ait légèrement épaissi. Assaisonner du jus de citron et transférer dans une assiette de service. Garder au chaud.

Rincer le poêlon et faire chauffer le reste du beurre à feu vif. Bien assaisonner les pétoncles et faire griller chaque côté environ 30 à 40 secondes. Ajouter la pancetta et faire cuire 1 à 2 minutes de plus jusqu'à ce qu'elle soit croustillante.

Pour servir, disposer les pétoncles dans chaque assiette et surmonter d'une tranche de pancetta. Garnir de feuilles de laitue et d'une autre tranche de pancetta et terminer avec une cuillerée de purée de pois. Garnir de brins de persil plat.

Valeur nutritive, par portion :
Calories : 599
Matières grasses : 45,8 g
Glucides : 10 g
Sel : 2,26 g

PORTIONS : 4

PRÉPARATION : 20 MINUTES

CUISSON : 25 MINUTES

crevettes au sofrito, aux poivrons et au manchego

60 ml (1/4 de tasse) d'huile d'olive
50 g (3 c. à soupe) de beurre doux
2 gousses d'ail, écrasées
20 à 24 grosses crevettes crues, décortiquées et déveinées
1 oignon rouge, coupé en quartiers d'environ 5 mm (1/4 de po) d'épaisseur
2 poivrons rouges, coupés en deux, épépinés et coupés en lanières de 1 cm (1/2 po) de large
1 poivron vert, coupé en deux, épépiné et coupé en lanières de 1 cm (1/2 po) de large
300 g (11 oz) de tomates, pelées (tel qu'il est illustré), épépinées et hachées
une pincée de poivre de Cayenne
3 ml (1/2 c. à thé) de paprika
250 g (9 oz) de fromage manchego, coupé en cubes de 2 cm (1 po)
30 ml (2 c. à soupe) de feuilles de coriandre fraîche
sel et poivre noir fraîchement moulu

Valeur nutritive, par portion :
Calories : 593
Matières grasses : 43,6 g
Glucides : 12 g
Sel : 1,89 g

Faire chauffer l'huile et le beurre dans un poêlon jusqu'à ce que le beurre soit mousseux ; ajouter l'ail et faire cuire 1 minute. Ajouter les crevettes et les faire sauter à feu assez vif environ 1 à 2 minutes jusqu'à ce qu'elles soient colorées. Les retirer du poêlon et les garder au chaud. Ajouter l'oignon et les poivrons au poêlon, couvrir et faire cuire à feu doux 15 minutes, jusqu'à ce qu'ils soient ramollis. Incorporer les tomates, le poivre de Cayenne et le paprika et faire cuire environ 5 minutes jusqu'à ce que les tomates commencent à se défaire. Remettre les crevettes dans le poêlon, bien remuer, et ajouter le manchego et faire revenir 30 secondes. Saler et poivrer au goût, garnir de coriandre hachée et servir immédiatement.

SUGGESTION

Utilisez du feta si le fromage espagnol manchego est introuvable.

COMMENT PELER ET ÉPÉPINER LES TOMATES

À l'aide d'un couteau, faire une entaille en croix à la base de chacune des tomates et les plonger dans un bol d'eau chaude. Les y laisser quelques minutes jusqu'à ce que les pelures commencent à flétrir. Celles-ci seront faciles à enlever ainsi.

viandes

PORTIONS : 4

PRÉPARATION : 15 MINUTES

CUISSON : 30 MINUTES

porc aux pommes dans un cari aux gourganes

60 ml (1/4 de tasse) d'huile végétale
900 g (2 lb) de filets de porc, coupés en lanières fines
3 échalotes, tranchées
1 tige de citronnelle, tranchée
2 poivrons jaunes, épépinés et tranchés finement
15 ml (1 c. à soupe) de curcuma
15 ml (1 c. à soupe) de cari
2 pommes Granny Smith, coupées en quartiers, cœurs enlevés
300 ml (1 1/4 tasse) de cidre
600 ml (2 1/3 tasse) de bouillon de poulet
900 g (2 lb) de gourganes, blanchies jusqu'à tendreté
15 ml (1 c. à soupe) de coriandre, hachée
sel et poivre noir fraîchement moulu

Faire chauffer la moitié de l'huile végétale dans un wok préchauffé à feu vif. Ajouter les lanières de porc et faire dorer. Retirer le porc du wok et garder au chaud.

Essuyer l'intérieur du wok à l'aide d'un papier absorbant et faire chauffer le reste de l'huile. Ajouter les échalotes, la citronnelle et les poivrons et faire revenir 1 minute. Incorporer le curcuma et le cari et faire cuire 1 minute. Ajouter les pommes et faire cuire 2 à 3 minutes.

Ajouter le cidre au wok et faire mijoter jusqu'à ce qu'il soit réduit de moitié. Ajouter le bouillon de poulet et faire mijoter à nouveau jusqu'à ce que le liquide ait réduit de moitié. Incorporer les gourganes, le porc et la coriandre hachée ; saler et poivrer au goût. Servir immédiatement.

Valeur nutritive, par portion :
Calories : 701
Matières grasses : 30,5 g
Glucides : 33 g
Sel : 1,16 g

PORTIONS : 4

PRÉPARATION : 10 MINUTES

CUISSON : 45 MINUTES

porc et citrouille au cari rouge thaïlandais

30 ml (2 c. à soupe) d'huile d'olive
450 g (1 lb) de porc maigre, coupé en cubes de 2,5 cm (1 po)
2 piments rouges, épépinés et hachés finement
30 ml (2 c. à soupe) de pâte de cari rouge thaïlandais
350 g (3/4 de lb) de crème de coco en conserve
425 ml (1 3/4 tasse) de bouillon de poulet
450 (1 lb) de citrouille, coupée en cubes de 2,5 cm (1 po)
sel et poivre noir fraîchement moulu

Faire chauffer une grande casserole. Ajouter l'huile d'olive et y faire dorer le porc à feu assez vif. Ajouter les piments et la pâte de cari rouge et faire cuire 3 à 5 minutes en remuant à l'aide d'une cuiller de bois.

Verser la crème de coco dans la casserole et bien mélanger en grattant le fond pour décoller les sucs. Ajouter le bouillon de poulet et la citrouille, porter à ébullition et baisser le feu. Laisser mijoter 25 à 30 minutes ou jusqu'à ce que la citrouille soit tendre, mais garde sa forme et que la sauce ait réduit légèrement. Saler et poivrer au goût et verser à la louche dans des bols évasés chauds et servir.

Valeur nutritive, par portion :
Calories : 530
Matières grasses : 42,2 g
Glucides : 8 g
Sel : 0,85 g

PORTIONS : 4

PRÉPARATION : 10 MINUTES

CUISSON : 35 MINUTES

saucisses braisées avec chou-fleur et moutarde

450 g (1 lb) de saucisses de porc de qualité supérieure
60 ml (1/4 de tasse) d'huile d'olive
2 oignons, coupés en deux et tranchés finement en forme de demi-lune
1 gousse d'ail, hachée finement
5 ml (1 c. à thé) de graines de fenouil
1 petit chou-fleur, défait en bouquets
200 ml (7 oz) de bouillon de poulet
10 ml (2 c. à thé) de moutarde de Dijon ou anglaise
sel et poivre noir fraîchement moulu

Faire revenir doucement les saucisses dans l'huile d'olive jusqu'à coloration légère. Ajouter les oignons et poursuivre la cuisson 10 minutes de plus en veillant à ne pas les faire brûler. Ajouter l'ail et les graines de fenouil, bien mélanger pour enrober d'huile et incorporer le chou-fleur, le bouillon et la moutarde. Bien saler et poivrer, couvrir et laisser mijoter 10 à 15 minutes ou jusqu'à ce que le chou-fleur soit tendre.

Valeur nutritive, par portion :
Calories : 475
Matières grasses : 35,9 g
Glucides : 17 g
Sel : 2,98 g

PORTIONS : 4

PRÉPARATION : 10 MINUTES

CUISSON : 3 1/2 HEURES

jarrets d'agneau braisés avec carottes et oignons perlés

30 ml (2 c. à soupe) d'huile d'olive
4 jarrets d'agneau, dégraissés et désossés
200 g (7 oz) de carottes, pelées et coupées en cubes
12 oignons perlés, pelés
3 brins de thym
30 ml (2 c. à soupe) d'eau
25 g (1 1/2 c. à soupe) de beurre
15 ml (1 c. à soupe) de persil plat, haché
15 ml (1 c. à soupe) de thym, haché
sel et poivre noir fraîchement moulu

Préchauffer le four à 150 °C / 300 °F / 3 au four à gaz.

Faire chauffer l'huile dans une grande rôtissoire sur la cuisinière. Faire dorer les jarrets sur tous les côtés et les retirer de la rôtissoire. Ajouter les carottes et les oignons et faire dorer ; retirer de la rôtissoire.

Remettre les jarrets et leur jus dans la rôtissoire avec le thym et l'eau. Saler et poivrer, enfourner et faire cuire 2 heures en les tournant de temps à autre. Remettre les carottes et les oignons dans la rôtissoire et poursuivre la cuisson 1 heure.

Retirer la rôtissoire du four et transférer les jarrets et les légumes dans des assiettes chaudes. Retirer les brins de thym. Dégraisser le jus de cuisson dans la rôtissoire, porter à ébullition sur la cuisinière. Faire réduire pendant quelques minutes jusqu'à l'obtention d'une sauce légère. Retirer du feu, ajouter le beurre, saler et poivrer au goût.

Napper chaque jarret de sauce et garnir de persil plat et de thym.

Valeur nutritive, par portion :
Calories : 469
Matières grasses : 31,5 g
Glucides : 6 g
Sel : 0,74 g

PORTIONS : 4

PRÉPARATION : 10 MINUTES

CUISSON : 2 HEURES

ragoût d'agneau et de pommes de terre

8 côtelettes d'agneau
4 rognons d'agneau
30 ml (2 c. à soupe) de saindoux ou d'huile végétale
2 boudins noirs, coupés en tranches de 5 mm (1/4 de po) d'épaisseur
2 oignons, tranchés mince
15 ml (1 c. à soupe) de feuilles de thym
675 g (1 1/2 lb) de pommes de terre à cuire au four, pelées et tranchées mince
750 ml (3 tasses) de bouillon de viande chaud
25 g (1 1/2 c. à soupe) de beurre doux
gros sel et poivre noir fraîchement moulu

Préchauffer le four à 190 °C / 375 °F / 5 au four à gaz. Débarrasser les côtelettes de l'excès de gras et enlever la fine pellicule et les conduits internes des rognons.

Faire chauffer le saindoux dans une casserole à fond épais, faire saisir les côtelettes d'agneau 2 à 3 minutes pour bien sceller les jus et dorer les deux côtés. Retirer de la casserole et mettre de côté. Ajouter les rognons et les boudins et sceller les deux côtés ; les retirer de la casserole.

Ajouter les oignons et la moitié du thym dans la casserole et faire dorer 4 à 5 minutes. Mettre les viandes dans le fond de la casserole, d'abord les côtelettes, suivi des rognons et finalement le boudin. Disposer les tranches de pommes de terre sur le boudin en les faisant se chevaucher ; saler et poivrer au fur et à mesure. Parsemer du reste de feuilles de thym.

Verser le bouillon chaud à hauteur des pommes de terre ; saler et poivrer une dernière fois et parsemer les pommes de terre de noix de beurre. Couvrir la casserole, enfourner et faire cuire 1 à 1 1/4 heure. Retirer le couvercle et laisser cuire 30 minutes de plus pour permettre aux pommes de terre de devenir croustillantes et de dorer.

COMMENT PRÉPARER LES ROGNONS

Retirer le gras autour des rognons. Les couper en deux sur la longueur et enlever la pellicule extérieure. Retirer les conduits internes à l'aide de ciseaux.

Valeur nutritive, par portion :

Calories : 739

Matières grasses : 45,4 g

Glucides : 44 g

Sel : 2,64 g

PORTIONS : 4

PRÉPARATION : 10 MINUTES

CUISSON : 50 MINUTES

pigeons rôtis aux olives vertes, au safran et au citron confit

- 10 ml (2 c. à thé) de paprika épicé
- 10 ml (2 c. à thé) de curcuma
- 10 ml (2 c. à thé) de cumin moulu
- 125 ml (1/2 tasse) d'huile d'olive, plus 15 ml (1 c. à soupe)
- 6 pigeons de 375 g (3/4 de lb) chacun
- 24 échalotes rouges, pelées
- 25 g (1 1/2 c. à soupe) de ghee ou de beurre clarifié
- 6 gousses d'ail, écrasées
- 10 ml (2 c. à thé) de gingembre, émincé
- 100 g (3 1/2 oz) de foies de pigeon
- 1,2 litre (5 tasses) de bouillon de pigeon ou de poulet
- 12 grosses olives vertes, dénoyautées et coupées en quatre
- 5 ml (1 c. à thé) de safran
- 1 citron confit, haché finement
- 30 ml (2 c. à soupe) de jus de citron
- 3 ml (1/2 c. à thé) de poivre noir moulu
- 40 g (3 c. à soupe) de beurre doux, coupé en dés
- 15 ml (1 c. à soupe) de feuilles de coriandre, hachées

Valeur nutritive, par portion :

Calories : 547

Matières grasses : 36,5 g

Glucides : 7 g

Sel : 2,24 g

Préchauffer le four à 200 °C / 400 °F / 6 au four à gaz. Mélanger la moitié du paprika, du curcuma et du cumin à l'huile d'olive. Badigeonner l'intérieur et l'extérieur des pigeons de cette huile d'olive épicée.

Trancher 12 échalotes. Faire chauffer le ghee dans une grande rôtissoire à fond épais à feu moyen. Ajouter les échalotes tranchées, l'ail, le gingembre et les foies de pigeons et faire frire 2 minutes. Ajouter le reste du paprika, du curcuma et du cumin et faire cuire 2 minutes de plus. Verser le bouillon et porter à ébullition ; réduire le feu et laisser mijoter jusqu'à ce que le bouillon ait réduit de moitié.

Passer la sauce à travers un tamis fin, remettre dans la rôtissoire et porter à ébullition. Ajouter le reste des échalotes et laisser mijoter 15 minutes. Ajouter les olives, le safran et le citron confit, laisser mijoter 5 minutes de plus et retirer du feu. Verser la sauce dans un bol et garder au chaud.

Ajouter les 15 ml (1 c. à soupe) d'huile d'olive à la rôtissoire chauffée à feu vif. Ajouter les pigeons faire saisir tous les côtés 2 à 3 minutes. Transférer dans un four préchauffé et faire rôtir 8 minutes. Retirer les pigeons de la rôtissoire et les garder au chaud.

Remettre la sauce dans la rôtissoire pour réchauffer. Ajouter au fouet le jus de citron, le poivre et le beurre, et incorporer les feuilles de coriandre. Disposer un pigeon au centre de chaque assiette et verser la sauce autour. Servir entier ou coupé en deux.

PORTIONS : 6

PRÉPARATION : 15 MINUTES

CUISSON : 30 MINUTES

cailles rôties farcies au thym, à l'ail et au citron

6 cailles
30 ml (2 c. à soupe) de moutarde de Dijon
15 ml (3 c. à thé) d'huile d'olive
gelée de groseille, pour servir (facultatif)

Farce
3 grosses saucisses de porc
le zeste râpé de 2 citrons
un bouquet de thym frais, feuilles retirées des tiges et hachées
1 gousse d'ail, écrasée avec une pincée de sel
25 ml (5 c. à thé) d'huile d'olive

Préchauffer le four à 180 °C / 350 °F / 4 au four à gaz. Préparer la farce : expulser la chair des saucisses dans un bol. Y ajouter le zeste de citron, les feuilles de thym hachées, l'ail écrasé et l'huile d'olive. Bien mélanger tous les ingrédients de la farce, façonner le mélange en forme de 6 saucisses et farcir chaque caille.

Mélanger la moutarde et l'huile d'olive et en badigeonner la peau de chaque caille. Déposer les cailles sur une grille à rôtir et faire cuire 25 à 30 minutes. Retirer de la grille et laisser tiédir. Ces cailles s'accompagnent merveilleusement bien de gelée de groseille.

Valeur nutritive, par portion :
Calories : 354
Matières grasses : 25,8 g
Glucides : 3 g
Sel : 1,16 g

PORTIONS : 4

PRÉPARATION : 10 MINUTES

CUISSON : 25 MINUTES

escalopes de poulet à la moutarde, aux câpres et au citron

- 4 poitrines de poulet, peau enlevée, désossées et aplaties (tel qu'il est illustré ci-dessous)
- 15 ml (1 c. à soupe) de moutarde de Dijon
- 45 ml (3 c. à soupe) de miel
- le jus et le zeste râpé d'un citron
- 60 ml (1/4 de tasse) de farine
- 2 œufs, battus
- 150 g (5 oz) de panure blanche
- 30 ml (2 c. à soupe) d'huile d'olive
- 50 g (3 c. à soupe) de beurre doux
- 30 ml (2 c. à soupe) de câpres extra-fines, égouttées et rincées
- 15 ml (1 c. à soupe) de persil, haché
- 2 citrons, pelés et la peau blanche retirée, tranchés
- sel et poivre noir fraîchement moulu

Valeur nutritive, par portion :
Calories : 558
Matières grasses : 21,5 g
Glucides : 51 g
Sel : 2,23 g

Mélanger la moutarde, le miel et le zeste de citron dans un bol et en badigeonner généreusement les poitrines de poulet aplaties. Saler et poivrer. Enfariner les poitrines, les tremper dans les œufs battus et ensuite dans la panure.

Faire chauffer l'huile dans un grand poêlon, ajouter les poitrines de poulet et faire dorer 2 à 3 minutes chaque côté jusqu'à ce qu'elles soient entièrement cuites. Ajouter le beurre au poêlon et, lorsqu'il devient mousseux, ajouter les câpres, le persil et le jus de citron. Napper le poulet de cette sauce et le transférer dans des assiettes de service chaudes. Garnir de tranches de citron et servir immédiatement

COMMENT APLATIR DES POITRINES DE POULET

Placer chaque poitrine de poulet entre deux feuilles de cellophane et, à l'aide d'un maillet ou d'un rouleau à pâtisserie, les marteler jusqu'à l'obtention d'escalopes d'environ 1 cm (1/2 po) d'épaisseur.

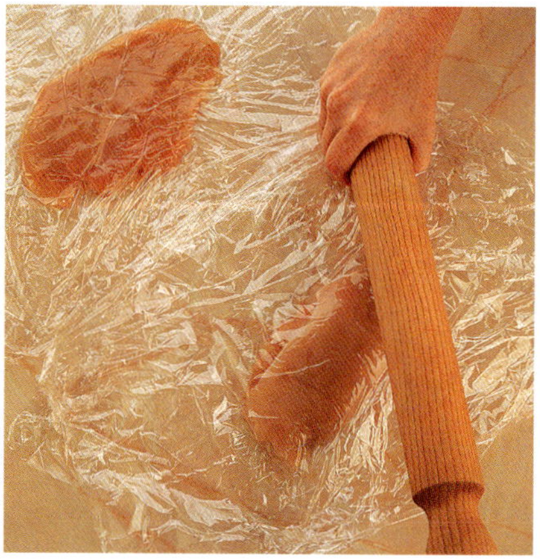

PORTIONS : 4

PRÉPARATION : 10 MINUTES

CUISSON : 50 MINUTES

poulet mariné aux échalotes et à l'ail

1 poulet, coupé en 8 morceaux

Marinade

30 ml (2 c. à soupe) d'huile d'olive
30 ml (2 c. à soupe) de vinaigre balsamique
un bouquet de thym, haché
30 ml (2 c. à soupe) d'échalotes, hachées
4 gousses d'ail non pelées, écrasées et hachées grossièrement
sel et poivre noir fraîchement moulu

Longtemps d'avance, idéalement la journée précédente, mettre le poulet dans un grand bol avec les ingrédients de la marinade et une généreuse quantité de poivre moulu. Bien mélanger pour bien enrober, couvrir et réserver pendant au moins quelques heures, de préférence toute la nuit.

Préchauffer le four à 220 °C / 425 °F / 7 au four à gaz.

Retourner le poulet dans la marinade pour bien l'enrober, le saler et le poivrer généreusement et le placer dans la partie supérieure du four. Le tourner doucement à deux reprises pendant la cuisson (environ 30 minutes). Retirer du four et laisser reposer dans un endroit chaud 15 minutes avant de servir.

Valeur nutritive, par portion :

Calories : 357

Matières grasses : 24,6 g

Glucides : 1 g

Sel : 0,55 g

PORTIONS : 4

PRÉPARATION : 15 MINUTES

CUISSON : 1 1/2 HEURE

tajine de poulet aux citrons confits

1 poulet de 1,1 à 1,6 kg (2 1/2 à 3 1/2 lb)
3 gousses d'ail, pelées et écrasées
5 ml (1 c. à thé) de gros sel de mer
1 petit bouquet de coriandre fraîche, hachée très finement
le jus de 1/2 citron
1 gros oignon blanc, pelé et râpé
5 ml (1 c. à thé) de poivre noir fraîchement moulu
3 ml (1/2 c. à thé) de filaments de safran
60 ml (1/4 de tasse) d'huile d'olive
1 bâton de cannelle
2 citrons confits
175 g (6 oz) d'olives vertes fendues

Frotter les parois intérieures du poulet avec l'ail, le sel, le jus de citron et la coriandre. Mélanger l'oignon, les épices et l'huile d'olive et en frotter la peau du poulet. Laisser reposer 30 minutes.

Mettre le poulet, poitrine vers le bas, dans un tajine ou une casserole lourde ovale en veillant à ajouter tous les jus de la marinade. Verser suffisamment d'eau jusqu'aux deux tiers du poulet et ajouter le bâton de cannelle. Porter l'eau à ébullition, réduire le feu et laisser mijoter 1 heure en tournant le poulet à plusieurs reprises pendant la cuisson. Préchauffer le four à 150 °C / 300 °F / 2 au four à gaz.

Rincer à l'eau froide du robinet les citrons confits et les olives. Couper les citrons en lanières. Retirer le poulet de la casserole, si c'est ce dont vous vous êtes servi, le déposer dans un plat de faïence et le couvrir d'aluminium pour le garder au chaud (dans le cas d'un tajine, verser le jus de cuisson dans une casserole). Augmenter le feu sous la casserole et faire réduire 5 minutes. Verser la sauce sur le poulet dans le tajine et ajouter les olives et les citrons confits. Enfourner 10 minutes avant de servir.

Valeur nutritive, par portion :
Calories : 618
Matières grasses : 45,5 g
Glucides : 7 g
Sel : 4,17 g

PORTIONS : 4

PRÉPARATION : 10 MINUTES

CUISSON : 20 MINUTES

TEMPS À MARINER : DE 8 HEURES À 2 JOURS

brochettes de poulet au soja et à la citronnelle

4 poitrines de poulet, peau enlevée, désossées, coupées en cubes de 2,5 cm (1 po)
8 tiges de citronnelle, débarrassées de leur enveloppe

Marinade
15 ml (1 c. à soupe) de miel ou de sirop d'érable
4 gousses d'ail, écrasées
un morceau de 2,5 cm (1 po) de gingembre frais, haché finement
2 piments verts, hachés finement
le jus de 2 limes
le zeste râpé de 1 lime
60 ml (1/4 de tasse) de vinaigre de vin de riz
30 ml (2 c. à soupe) de sauce chili sucrée
60 ml (1/4 de tasse) de sauce soja foncée, et un peu plus pour servir
une pincée de curcuma

Bien mélanger les ingrédients de la marinade dans un bol. Ajouter le poulet, couvrir et laisser mariner au réfrigérateur au moins 8 heures, de préférence 2 jours pour obtenir le maximum de saveur.

Retirer les cubes de poulet de la marinade et les embrocher sur des tiges de citronnelle. Faire chauffer le barbecue (idéal) ou un poêlon à nervures jusqu'à ce qu'il fume. Y placer les brochettes et faire cuire 8 à 10 minutes en les tournant régulièrement et en les badigeonnant généreusement de marinade. Servir chaudes directement du gril, accompagnées de sauce soja comme trempette.

Valeur nutritive, par portion :
Calories : 162
Matières grasses : 1,6 g
Glucides : 3 g
Sel : 1,29 g

PORTIONS : 4

PRÉPARATION : 10 MINUTES

CUISSON : 35 MINUTES

salade de poulet et d'aubergine à la menthe

huile de sésame, pour la friture
4 poitrines de poulet, peau enlevée et désossées
1 aubergine, coupée en tranches de 1 cm (1/2 po) d'épaisseur
30 ml (2 c. à soupe) de cassonade
15 ml (1 c. à soupe) de *nam pla* (sauce de poisson thaïlandaise)
1 gousse d'ail, écrasée
2 piments verts, tranchés mince
le jus de 4 limes
1 tige de citronnelle, enveloppes extérieures enlevées, cœur haché très finement
1 oignon, tranché mince
2 échalotes, hachées
50 g (2 oz) de feuilles de menthe
60 ml (1/4 de tasse) d'arachides rôties, hachées
sel et poivre noir fraîchement moulu

Faire cuire les poitrines de poulet tel qu'il est indiqué ci-dessous. Badigeonner les tranches d'aubergine d'huile de sésame, les faire griller légèrement sur le gril en les tournant régulièrement.

Pendant ce temps, bien mélanger dans un bol la cassonade, la sauce de poisson, l'ail, les piments et le jus de lime. Ajouter la citronnelle, l'oignon et les échalotes.

Retirer le poulet et l'aubergine du gril et laisser tiédir ; couper le poulet en lanières et les tranches d'aubergine en petits dés. Les mettre dans le bol, bien mélanger, couvrir d'une pellicule plastique et laisser mariner à température ambiante 1 heure. Ajouter les feuilles de menthe et servir dans un bol profond, garni d'arachides.

COMMENT CUIRE LES POITRINES DE POULET AU GRIL

Faire chauffer un poêlon à nervures. Badigeonner chaque poitrine de poulet (pas le poêlon) d'un peu d'huile de sésame, la saler et poivrer et la déposer sur le gril. Faire cuire chaque côté 5 à 6 minutes jusqu'à légèrement grillée et entièrement cuite.

Valeur nutritive, par portion :
Calories : 304
Matières grasses : 10,1 g
Glucides : 15 g
Sel : 1,31 g

PORTIONS : 4

PRÉPARATION : 10 MINUTES

CUISSON : 1 1/4 HEURE

cari vert thaïlandais avec mini-aubergines et riz collant

250 ml (1 tasse) de bouillon de poulet ou d'eau
2 tiges de citronnelle
1 morceau de 1 cm (1/2 po) de gingembre frais
1 gousse d'ail
1/2 piment chili, épépiné
1/2 lime
1 poulet, coupé en 6 morceaux
45 ml (3 c. à soupe) d'huile d'olive
250 ml (1 tasse) de bouillon de poulet
4 feuilles de lime
un morceau de 5 cm (2 po) de galanga frais
125 ml (1/2 tasse) de lait de coco
30 ml (2 c. à soupe) de pâte de cari vert thaïlandais
30 ml (2 c. à soupe) de *nam pla* (sauce de poisson thaïlandaise)
175 ml (3/4 de tasse) de crème de coco
15 ml (1 c. à soupe) de coriandre, hachée
le jus de 1/2 lime
8 mini-aubergines, coupées en deux
50 ml (2 oz) d'huile d'olive
sel et poivre noir fraîchement moulu

Valeur nutritive, par portion :

Calories : 742

Matières grasses : 62,1 g

Glucides : 7 g

Sel : 3,35 g

Préparer d'abord le bouillon à la lime. Mettre le bouillon ou l'eau, la citronnelle, le gingembre, l'ail, le piment chili et la lime dans une casserole et faire mijoter 15 minutes. Porter à ébullition et laisser bouillir jusqu'à ce que le liquide soit réduit du quart. Passer le bouillon au tamis et rincer la casserole.

Saler et poivrer le poulet. Faire chauffer l'huile d'olive dans une cocotte et faire dorer le poulet à feu moyen. Couvrir la cocotte, réduire le feu et laisser cuire 25 minutes, en tournant le poulet de temps à autre.

Pendant ce temps, préparer les mini-aubergines. Préchauffer le gril au feu de bois ou un poêlon à nervures. Frotter les aubergines d'huile d'olive et de sel et les faire griller 5 minutes de chaque côté jusqu'à ce qu'elles soient tendres.

Mettre le bouillon de poulet, les feuilles de lime et le galanga dans une grande casserole. Porter à ébullition, retirer du feu et laisser infuser 15 minutes. Passer le bouillon à travers un tamis et verser dans la casserole. Ajouter le bouillon à la lime et faire bouillir à gros bouillons environ 15 minutes ou jusqu'à ce que le liquide ait réduit de moitié. Incorporer le lait de coco, la pâte de cari, la sauce de poisson et la crème de coco, et ensuite les morceaux de poulet. Garnir de coriandre fraîche et de jus de lime.

Servir accompagné de mini-aubergines et de riz collant.

SUGGESTION

Les mini-aubergines sont grillées dans cette variante pour une présentation plus spectaculaire, mais elles peuvent aussi être ajoutées à la casserole.

PORTIONS : 8

PRÉPARATION : 20 MINUTES

CUISSON : 3 HEURES

cassoulet

700 g (1 1/2 lb) de haricots lingots
1 carotte
1 oignon piqué de deux clous de girofle
2 bouquets garnis
225 g (1/2 lb) de bacon entrelardé ou de porc saumuré
45 ml (3 c. à soupe) d'huile d'olive
3 oignons, tranchés
5 gousses d'ail, écrasées
6 à 8 tomates très mûres, pelées et tranchées
1,2 litre (5 tasses) de bouillon de poulet
4 cuisses de canard confit ou 2 morceaux de confit d'oie ou 4 cuisses de canard fraîches
450 g (1 lb) d'épaule d'agneau, coupée en 4 côtelettes épaisses
350 à 450 g (3/4 à 1 lb) de saucisses de porc
50 g (2 oz) de chapelure
sel et poivre noir fraîchement moulu
persil, haché

Préchauffer le four à 150 °C / 300 °F / 2 au four à gaz.

Faire tremper les haricots dans beaucoup d'eau froide toute la nuit. Le lendemain, couvrir d'eau fraîche, ajouter la carotte, l'oignon piqué des clous de girofle et un des bouquets garnis. Couvrir et laisser cuire 30 à 45 minutes ou jusqu'à ce que les haricots soient cuits aux trois quarts. Égoutter et jeter les légumes et le bouquet garni.

Pendant ce temps, couper le bacon en cubes de 2,5 cm (1 po). Faire chauffer l'huile d'olive dans une casserole, ajouter le bacon et faire dorer ; ajouter les oignons, l'ail, les tomates, le sel, le poivre et l'autre bouquet garni. Faire cuire 1 à 2 minutes, ajouter le bouillon et laisser mijoter 15 minutes.

Jeter le bouquet garni, ajouter le canard ou l'oie, l'agneau, les saucisses et finalement les haricots. Porter le cassoulet à ébullition et recouvrir d'une couche de chapelure. Faire cuire au four à feu doux de 1 à 1 1/2 heure ou jusqu'à ce que les viandes et les haricots soient entièrement cuits. Une croûte se sera formée et les haricots auront absorbé presque tout le bouillon ; sinon, retirer le couvercle de la casserole et laisser cuire, à découvert, environ 15 minutes de plus.

Garnir de persil haché et servir directement de la casserole (tant mieux si c'est une cocotte en faïence). Servir accompagné d'une belle salade verte.

Valeur nutritive, par portion :
Calories : 893 g
Matières grasses : 51,2 g
Glucides : 59 g
Sel : 3,11 g

PORTIONS : 6

PRÉPARATION : 20 MINUTES

CUISSON : 3 HEURES

goulache au bœuf

110 g (1/4 de lb / 1/2 tasse) de beurre
900 g (2 lb) de gîte de bœuf, coupé en cubes
450 g (1 lb) d'oignons, hachés
50 g (2 oz) de paprika
50 g (1/4 de tasse) de farine
15 ml (1 c. à soupe) de concentré de tomate
2 litres (8 tasses) de bouillon de bœuf
225 g (1/2 lb) de carottes, pelées et coupées en morceaux
450 g (1 lb) de pommes de terre, pelées et coupées en morceaux
persil haché, pour garnir
sel et poivre noir fraîchement moulu

Préchauffer le four à 200 °C / 400 °F / 6 au four à gaz. Faire chauffer le beurre dans une grosse casserole à fond épais, saler et poivrer le gîte et ajouter au plat. Ajouter les oignons et faire cuire 2 minutes en remuant. Ajouter le paprika et la farine, bien mélanger et mettre au four préchauffé, non couvert, 10 minutes. Retirer du four et incorporer le concentré de tomates. Réduire la température du four à 180 °C / 350 °F / 4 au four à gaz. Ajouter suffisamment de bouillon pour couvrir la viande. Porter à ébullition sur la cuisinière, saler et poivrer. Couvrir et remettre au four 2 heures. Après 1 1/2 heure, ajouter les carottes et les pommes de terre en morceaux et laisser cuire 30 minutes de plus ou jusqu'à ce que la viande et les légumes soient tendres. Garnir de persil haché et servir.

COMMENT HACHER UN OIGNON

Couper l'oignon en deux de la tête à la queue. Peler les moitiés en laissant la racine intacte. Placer le côté plat des moitiés d'oignon sur la surface de travail, faire une coupe horizontale vers la racine et ensuite couper l'oignon sur la longueur. Couper ensuite en travers pour obtenir des dés.

Valeur nutritive, par portion :

Calories : 546

Matières grasses : 28,4 g

Glucides : 32 g

Sel : 1,95 g

PORTIONS : 4

PRÉPARATION : 10 MINUTES

CUISSON : 30 MINUTES

TEMPS À MARINER : 3 À 12 HEURES

brochettes de surlonge mariné

- 1 oignon, tranché mince
- 50 g (2 oz) de gingembre, pelé et coupé en fine julienne
- 125 ml (1/2 tasse) de sauce soja foncée
- 450 g (1 lb) de bifteck de surlonge, coupé en cubes de 2,5 cm (1 po)
- 60 ml (1/4 de tasse) d'huile d'olive
- 110 g (1/4 de lb) de shiitakes, tranchés
- 2 carottes, pelées et râpées

Mettre l'oignon, le gingembre et la sauce soja dans un plat non métallique peu profond. Ajouter les cubes de bifteck en remuant pour bien mélanger et couvrir de pellicule plastique ; réfrigérer au moins 3 heures ou toute la nuit.

Faire chauffer un gros poêlon à revêtement antiadhésif. Égoutter le bœuf de la marinade, la réservant pour plus tard ; embrocher les cubes de bœuf sur 8 tiges de bambou de 15 cm (6 po). Ajouter l'huile au poêlon et, lorsqu'elle se met à fumer, faire saisir les brochettes sur tous les côtés. Faire saisir les brochettes en deux fois s'il le faut, selon la dimension du poêlon. Transférer dans une assiette chaude et garder au chaud.

Ajouter les champignons et les carottes au même poêlon ayant servi à faire cuire le bœuf et les faire revenir 2 minutes. Ajouter 60 ml (1/4 de tasse) de la marinade, réduire le feu et poursuivre la cuisson environ 1 minute en remuant de temps à autre. Disposer les brochettes dans des assiettes chaudes avec les légumes et napper du reste de sauce. Servir aussitôt.

Valeur nutritive, par portion :

Calories : 350

Matières grasses : 21,2 g

Glucides : 12 g

Sel : 5,93 g

PORTIONS : 8

PRÉPARATION : 15 MINUTES

CUISSON : 20 MINUTES

hamburgers à la sauce à l'avocat

10 g (2 c. à thé) de beurre
50 g (2 oz) d'oignon, haché finement
450 g (1 lb) de bœuf, fraîchement haché
3 ml (1/2 c. à thé) de feuilles de thym frais
3 ml (1/2 c. à thé) de persil, haché finement
1 petit œuf, battu
sel et poivre noir fraîchement moulu
gras de coiffe (facultatif)

Sauce à l'avocat
2 avocats mûrs
45 à 60 ml (3 à 4 c. à soupe) de jus de lime ou de citron
15 ml (1 c. à soupe) d'huile d'olive
15 ml (1 c. à soupe) de coriandre fraîche ou de persil plat
sel de mer et poivre noir fraîchement moulu

Faire fondre le beurre dans une casserole et faire suer l'oignon jusqu'à tendreté sans le laisser colorer. Laisser refroidir. Pendant ce temps, mélanger le bœuf haché avec les herbes et l'œuf battu, saler et poivrer, ajouter l'oignon et bien mélanger. Façonner 8 galettes de viande. Entourer chacune de gras de coiffe, s'il est utilisé. Faire cuire au goût dans un poêlon moyen-chaud ou au barbecue environ 5 à 8 minutes chaque côté, en tournant une seule fois.

La sauce à l'avocat : vider deux avocats et écraser la chair à la fourchette. Ajouter le jus de lime, l'huile d'olive, la coriandre, le sel et le poivre au goût. Servir avec les hamburgers.

COMMENT EMBALLER LES GALETTES DE GRAS DE COIFFE

Défaire le gras de coiffe – tremper dans de l'eau si nécessaire. En emballer chaque galette sans serrer pour allouer la contraction pendant la cuisson.

Valeur nutritive, par portion :
Calories : 201
Matières grasses : 15,6 g
Glucides : 1 g
Sel : 0,43 g

PORTIONS : 4

PRÉPARATION : 10 MINUTES

CUISSON : 45 MINUTES

pappardelle au filet de lapin, à la moutarde et au persil

110 g (1/4 de lb) de pappardelles sèches
50 g (3 c. à soupe) de beurre
8 filets de lapin
2 échalotes, coupées en dés
1 gousse d'ail, coupée en dés
10 pleurotes en huître
150 ml (5 oz) de vin blanc
300 ml (1 1/4 tasse) de bouillon de poulet
15 ml (1 c. à soupe) de moutarde en grains
15 ml (1 c. à soupe) de double-crème
15 ml (1 c. à soupe) de persil plat, haché
10 à 12 feuilles d'épinard, blanchies (facultatif)
sel et poivre noir fraîchement moulu

Faire cuire les pappardelle dans un grand plat à sauter d'eau bouillante salée jusqu'à ce qu'elles soient *al dente*. Égoutter et réserver. Rincer le plat.

Faire chauffer la moitié du beurre dans le plat à sauter à feu moyen. Saler et poivrer le lapin et faire sauter environ 10 minutes de chaque côté ou jusqu'à ce qu'il soit entièrement cuit ; retirer du plat à sauter et garder au chaud.

Ajouter le reste du beurre dans le plat et faire revenir les échalotes, l'ail et les pleurotes 2 minutes. Ajouter le vin blanc et porter à ébullition, laisser le liquide réduire de moitié, ajouter le bouillon et laisser réduire à nouveau. Ajouter le lapin, la moutarde et la crème et incorporer les pappardelle. Laisser mijoter 3 minutes jusqu'à ce que les pâtes soient entièrement chaudes. Ajouter le persil haché, saler et poivrer au goût.

Pour une belle présentation, telle qu'elle est illustrée, prendre la moitié des filets de lapin et les couper en médaillons. Emballer chacun des médaillons d'une feuille d'épinard blanchie, les remettre dans le plat à sauter et bien réchauffer.

Valeur nutritive, par portion :
Calories : 530
Matières grasses : 24,1 g
Glucides : 25 g
Sel : 1,30 g

PORTIONS : 4

PRÉPARATION : 10 MINUTES

CUISSON : 10 MINUTES

orzo au féta, à la menthe et aux tomates italiennes

225 g (1/2 lb) de pâtes orzo
50 ml (1/4 de tasse) d'huile d'olive extra-vierge
le jus de 2 citrons
30 ml (2 c. à soupe) de menthe, hachée finement
200 g (7 oz) de féta coupé en dés
4 tomates italiennes, coupées en petits dés
100 g (3 1/2 oz) d'olives noires de bonne qualité, dénoyautées
feuilles de menthe ou de roquette et tomates séchées au soleil, pour garnir
sel et poivre noir fraîchement moulu

Faire cuire l'orzo dans de l'eau bouillante salée jusqu'à ce qu'il soit *al dente*, égoutter, rincer à l'eau froide et bien égoutter à nouveau.

Incorporer les autres ingrédients, bien saler et poivrer et garnir de feuilles de menthe ou de roquette et de tomates séchées au soleil.

INFORMATION

L'orzo est une petite pâte alimentaire qui ressemble à des grains de riz.

Valeur nutritive, par portion :

Calories : 507

Matières grasses : 27,4 g

Glucides : 52 g

Sel : 3,64 g

à-côtés

PORTIONS : 4

PRÉPARATION : 10 MINUTES

CUISSON : 40 MINUTES

grelots rôtis au sel gemme et au romarin

700 g (1 1/2 lb) de grelots
100 ml (3 1/2 oz) d'huile d'olive
15 ml (3 c. à thé) de sel gemme
5 brins de romarin
2 gousses d'ail, écrasées
50 g (3 c. à soupe) de beurre
poivre noir fraîchement moulu

Préchauffer le four à 180 °C / 350 °F / 4 au four à gaz. Mettre les pommes de terre dans une grande rôtissoire, arroser de l'huile d'olive et saupoudrer de 10 ml (2 c. à thé) de sel et de poivre. Faire cuire dans un four préchauffé environ 30 minutes ou jusqu'à ce que les pommes de terre soient bien dorées et que les pelures commencent à flétrir.

Ajouter le romarin, l'ail et le beurre. Secouer la rôtissoire et faire cuire au four 10 minutes de plus. Elles peuvent être servies chaudes ou froides, saupoudrées du reste du sel.

Valeur nutritive, par portion :
Calories : 386
Matières grasses : 28,3 g
Glucides : 31 g
Sel : 0,30 g

PORTIONS : 4

PRÉPARATION : 10 MINUTES

CUISSON : 20 MINUTES

pommes allumettes au cari

huile végétale pour frire
900 g (2 lb) de grosses pommes de terre
25 g (1 oz) de cari
4 gousses d'ail, pelées et tranchées
sel et poivre noir fraîchement moulu
30 ml (2 c. à soupe) de mayonnaise à l'ail

Faire chauffer l'huile végétale à 190 °C / 375 °F dans une friteuse électrique ou une grande casserole (utiliser un thermomètre si nécessaire).

Pendant que l'huile chauffe, préparer les pommes de terre. Les peler et, à l'aide d'une mandoline, les couper en longues et fines juliennes.

Mettre les pommes de terre dans un grand bol, les saupoudrer de cari, ajouter les tranches d'ail et bien mélanger. Réserver 3 à 5 minutes jusqu'à ce que l'amidon commence à s'échapper des pommes de terre et que le mélange ait l'air collant.

Faire dorer à grande friture les pommes de terre de 3 à 4 minutes (en jetant les tranches d'ail). Égoutter sur plusieurs épaisseurs de papier absorbant et saler et poivrer au goût. Remplir des cônes fait de papier journal, les disposer dans des assiettes de service chaudes, napper de mayonnaise et servir aussitôt.

Valeur nutritive, par portion :
Calories : 463
Matières grasses : 35,4 g
Glucides : 33 g
Sel : 0,19 g

PORTIONS : 4

PRÉPARATION : 5 MINUTES

CUISSON : 15 MINUTES

pommes de terre au paprika et à la vinaigrette aux amandes

900 g (2 lb) de pommes de terre nouvelles

Vinaigrette
1 gousse d'ail, hachée
40 g (1/4 de tasse) d'amandes entières, blanchies
1 ml (1/4 de c. à thé) de poivre de Cayenne
1 ml (1/4 de c. à thé) de paprika épicé (ou de poudre de chili)
15 ml (1 c. à soupe) de vinaigre de sherry (xérès)
60 ml (1/4 de tasse) d'huile d'olive
15 ml (1 c. à soupe) de persil, haché
15 ml (1 c. à soupe) d'origan, haché
sel

Faire bouillir les pommes de terre jusqu'à ce qu'elles soient tout juste tendres. Réduire en purée l'ail et les amandes à l'aide d'un robot culinaire (ou les écraser dans un mortier si le cœur vous en dit). Transférer dans un bol et ajouter le poivre de Cayenne et le paprika. Incorporer le vinaigre et l'huile d'olive, suivis des herbes et d'un peu de sel. Verser sur les pommes de terre chaudes et servir.

Valeur nutritive, par portion :
Calories : 323
Matières grasses : 17,4 g
Glucides : 38 g
Sel : 0,32 g

PORTIONS : 4

PRÉPARATION : 10 MINUTES

CUISSON : 1 1/2 HEURE

pommes de terre à la mozzarella, au basilic et aux tomates mi-séchées

- 4 grosses pommes de terre farineuses
- 8 gousses d'ail
- 30 ml (2 c. à soupe) d'huile d'olive
- 4 bonnes poignées de feuilles de basilic, hachées grossièrement
- 110 g (1/4 de lb) de tomates mi-séchées au soleil, coupées en petits morceaux
- 250 g (9 oz) de mozzarella de bufflonne, coupée en dés de 5 mm (1/4 po)
- sel et poivre noir fraîchement moulu

Préchauffer le four à 180 °C / 350 °F / 4 au four à gaz. Y faire cuire les pommes de terre jusqu'à ce qu'elles soient tendres.

Pendant ce temps, mettre les gousses d'ail non pelées dans un plat allant au four, arroser d'huile et faire rôtir au four 25 à 30 minutes jusqu'à ce qu'elles soient dorées et caramélisées. Enlever les pelures et écraser grossièrement la chair dans un bol. Ajouter le basilic, la mozzarella et les tomates, et saler et poivrer légèrement.

Entailler ou faire une croix au centre de chaque pomme de terre et l'ouvrir. Remplir du mélange de fromage et de tomates et remettre au four 8 à 10 minutes jusqu'à ce que la mozzarella bouillonne.

SUGGESTION

L'ail cuit au four est sucré et tendre. En faire plus que nécessaire et ajouter la purée à de la mayonnaise ou aux sauces à pizza.

Valeur nutritive, par portion :

Calories : 472

Matières grasses : 27,3 g

Glucides : 37 g

Sel : 1,52 g

PORTIONS : 4

PRÉPARATION : 5 MINUTES

CUISSON : 20 MINUTES

mini-carottes rôties au cumin

10 ml (2 c. à thé) de graines de cumin
45 ml (3 c. à soupe) d'huile d'olive
1/2 petite gousse d'ail, écrasée
750 g (1 lb 10 oz) de mini-carottes, légèrement grattées
30 ml (2 c. à soupe) de miel
le jus et le zeste râpé de 1 orange
menthe hachée, pour garnir (facultatif)

Préchauffer le four à 200 °C / 400 °F / 6 au four à gaz. Faire chauffer à feu moyen un grand poêlon allant au four, ajouter les graines de cumin et faire griller 30 secondes pour qu'elles dégagent leur arôme. Ajouter l'huile d'olive et l'ail et bien mélanger. Ajouter les carottes et bien enrober pour les sceller et les dorer.

Ajouter le miel, le jus et le zeste d'orange ; bien mélanger.

Enfourner le plat et faire cuire 8 à 10 minutes, jusqu'à ce que les carottes soient glacées et tendres et que tout le liquide soit évaporé. Les servir immédiatement, garnies d'un peu de menthe, si l'on veut, qui se marie bien aux carottes épicées.

Valeur nutritive, par portion :
Calories : 168
Matières grasses : 9,6 g
Glucides : 19 g
Sel : 0,20 g

PORTIONS : 4

PRÉPARATION : 10 MINUTES

CUISSON : 1 1/4 HEURE

chou rouge aux fruits séchés et aux baies de genièvre

650 g (1 1/2 lb) de chou rouge, cœur enlevé et émincé finement
300 ml (1 1/4 tasse) de vin rouge
150 ml (5 oz) de porto
75 ml (5 c. à soupe) de vinaigre de vin rouge
15 g (1 c. à soupe) de cassonade
600 ml (2 1/2 tasses) de bouillon de poulet goûteux
150 g (5 oz) de fruits séchés, prêts à manger tels abricots, poires, figues et pommes, coupés en deux
12 baies de genièvre
30 ml (2 c. à soupe) de gelée de groseille
sel et poivre noir fraîchement moulu

Préchauffer le four à 200 °C / 400 °F / 6 au four à gaz. Mettre le chou émincé dans un grand plat allant au four, y verser le vin rouge, le porto et le vinaigre de vin, saupoudrer de la cassonade et saler et poivrer légèrement.

Porter le bouillon à ébullition, le verser sur le chou et ajouter les fruits séchés et les baies de genièvre. Porter à ébullition, couvrir d'un couvercle étanche et enfourner ; laisser braiser 1 heure ou jusqu'à ce que le chou soit très tendre. S'il reste du liquide, retirer le couvercle et poursuivre la cuisson jusqu'à ce qu'il soit évaporé. Ajouter la gelée de groseille, bien mélanger pour qu'une glace se forme autour du chou et servir immédiatement.

COMMENT ÉMINCER LE CHOU ROUGE OU BLANC

Couper le chou en quartiers et en retirer le cœur. Poser chaque quartier sur son côté et trancher finement sur la longueur.

Valeur nutritive, par portion :

Calories : 233

Matières grasses : 1 g

Glucides : 31 g

Sel : 0,84 g

PORTIONS : 4

PRÉPARATION : 15 MINUTES

CUISSON : 1 HEURE

chou rouge braisé au vinaigre balsamique avec canneberges (airelles)

650 g (1 1/2 lb) de chou rouge, cœur enlevé et émincé finement (voir page 144)
400 ml (13 oz) de vin rouge
75 ml (5 c. à soupe) de vinaigre balsamique
15 g (1 c. à soupe) de cassonade
125 g (4 1/2 oz) de canneberges (airelles) fraîches ou surgelées
30 ml (2 c. à soupe) de gelée de canneberge (ou de groseille rouge)
sel et poivre noir fraîchement moulu

Préchauffer le four à 200 °C / 400 °F / 6 au four à gaz. Mettre le chou émincé dans une grande casserole, y verser le vin rouge et le vinaigre balsamique et faire chauffer à feu moyen 5 minutes. Saupoudrer de la cassonade et saler et poivrer légèrement. Ajouter 600 ml (2 1/2 tasses) d'eau, porter à ébullition et ajouter les canneberges (airelles). Couvrir d'un couvercle étanche et enfourner. Laisser braiser 1 heure ou jusqu'à ce que le chou soit très tendre. S'il y a du liquide qui reste, faire cuire, à découvert sur la cuisinière, jusqu'à ce qu'il soit évaporé. Incorporer la gelée de canneberge (ou de groseille rouge), rectifier l'assaisonnement et servir immédiatement.

Valeur nutritive, par portion :
Calories : 136
Matières grasses : 0,5 g
Glucides : 15 g
Sel : 0,31 g

PORTIONS : 4

PRÉPARATION : 10 MINUTES

CUISSON : 1 1/2 HEURE

betteraves et échalotes braisées

450 g (1 lb) de betteraves petites à moyennes
150 ml (5 oz) de vin rouge
30 ml (2 c. à soupe) de vinaigre de vin rouge
30 g (2 c. à soupe) de sucre semoule
300 ml (1 1/4 tasse) de bouillon de légumes goûteux
250 g (9 oz) de petites échalotes, blanchies et pelées
sel et poivre noir fraîchement moulu

Préchauffer le four à 190 °C / 375 °F / 5 au four à gaz. Peler les betteraves soigneusement, en veillant à garder leur forme intacte, les couper en tranches de 1 cm (1/2 po) d'épaisseur et réserver.

Mélanger le vin rouge, le vinaigre, le sucre et le bouillon de légumes dans un bol. Disposer les betteraves et les échalotes en une seule couche dans un plat allant au four. Y verser le mélange au vin rouge et saler et poivrer. Couvrir de papier aluminium ou d'un couvercle étanche et faire cuire au four environ 1 à 1 1/4 heure ou jusqu'à ce que les légumes soient tendres. Servir immédiatement.

VARIANTE

Couronner les betteraves d'une cuillerée de raifort en crème avant de servir.

Valeur nutritive, par portion :
Calories : 111
Matières grasses : 0,3 g
Glucides : 19 g
Sel : 0,71 g

PORTIONS : 4

PRÉPARATION : 15 MINUTES

CUISSON : 45 MINUTES

fenouil à la méditerranéenne

12 à 16 mini-bulbes de fenouil (ou 4 bulbes de taille normale, coupés en quartiers)
60 ml (1/4 de tasse) d'huile d'olive
4 gousses d'ail, pelées
1 feuille de laurier
100 ml (3 1/2 oz) de vin blanc sec
100 ml (3 1/2 oz) d'eau
8 gros oignons verts, coupés en tronçons de 5 cm (2 po)
4 tomates italiennes, mûres mais fermes, pelées, épépinées et coupées en quartiers (voir page 90)
15 ml (1 c. à soupe) d'origan frais, haché
100 ml (3 1/2 oz) de bouillon de viande
12 feuilles de basilic mauve, frais
un peu de jus de citron
sel et poivre noir fraîchement moulu

Retirer les feuilles du fenouil et parer les bulbes. Faire chauffer l'huile d'olive dans un plat peu profond, ajouter le fenouil et les gousses d'ail entières et faire revenir 5 minutes. Ajouter la feuille de laurier, le vin blanc et l'eau et porter à ébullition ; réduire le feu et laisser mijoter 10 minutes. Ajouter les oignons verts, couvrir et faire cuire 15 minutes. Enlever le couvercle, ajouter les tomates, l'origan et le bouillon et faire cuire à feu doux 5 minutes. Incorporer le basilic mauve, ajouter un soupçon de jus de citron, saler et poivrer. Servir immédiatement.

Valeur nutritive, par portion :
Calories : 161
Matières grasses : 11,7 g
Glucides : 7 g
Sel : 0,4 g

PORTIONS : 4

PRÉPARATION : 10 MINUTES

CUISSON : 35 MINUTES

légumes d'hiver braisés à la bière noire

30 ml (2 c. à soupe) d'huile d'olive vierge
350 g (3/4 de lb) de petits oignons d'environ 2,5 à 3 cm (1 à 1 1/4 po) de diamètre, blanchis et pelés
4 branches de céleri, coupées en bâtonnets de 5 cm (2 po)
2 gousses d'ail, écrasées
175 g (6 oz) de jeunes carottes, grattées
150 ml (5 oz) de bière noire (ou d'une autre bière foncée)
100 ml (3 1/2 oz) de jus de tomate
200 ml (7 oz) de bouillon de légumes
15 g (1 c. à soupe) de cassonade
sel et poivre noir fraîchement moulu

Faire chauffer l'huile d'olive dans une grande casserole, ajouter les oignons et le céleri et faire dorer à feu moyen, environ 10 à 12 minutes. Ajouter l'ail et faire cuire deux minutes de plus, ajouter les carottes. Ajouter la bière, le jus de tomate, le bouillon de légumes et la cassonade ; porter à ébullition. Couvrir, réduire le feu et laisser mijoter environ 10 minutes ou jusqu'à ce que les légumes soient tendres.

Disposer les légumes dans un plat de service, saler et poivrer la sauce et en napper les légumes. Elle devrait être suffisamment onctueuse pour glacer les légumes ; si nécessaire, la laisser réduire un peu pour l'épaissir.

Valeur nutritive, par portion :
Calories : 133
Matières grasses : 6 g
Glucides : 17 g
Sel : 0,7 g

PORTIONS : 4

PRÉPARATION : 10 MINUTES

CUISSON : 1 1/4 HEURE

oignons au four au romarin

4 gros oignons espagnols
600 ml (2 1/2 tasses) de bouillon de poulet (ou de légumes)
4 brins de romarin, hachés grossièrement
60 ml (1/4 de tasse) d'huile d'olive vierge
50 g (3 c. à soupe) de beurre doux froid, coupé en dés
sel et poivre noir fraîchement moulu

Préchauffer le four à 200 °C / 400 °F / 6 au four à gaz. Peler les oignons, en retrancher la tête et la queue pour qu'ils se tiennent droit, couper ensuite en deux à l'horizontale. Disposer dans un plat allant au four, y verser le bouillon et parsemer du romarin haché et bien saler et poivrer. Arroser d'huile d'olive, enfourner et faire cuire environ 50 minutes, en arrosant les oignons du bouillon régulièrement.

Retirer les oignons du four et les mettre dans un plat de service allant au four. Faire chauffer le plat à feu moyen et porter le liquide de cuisson à ébullition ; retirer du feu et ajouter le beurre au fouet, en petites quantités à la fois. Verser la sauce sur les oignons et les remettre au four 15 à 20 minutes jusqu'à ce qu'ils soient glacés et très tendres.

Calories : 270
Matières grasses : 21,8 g
Glucides : 16 g
Sel : 0,76 g

PORTIONS : 6

PRÉPARATION : 15 MINUTES

CUISSON : 30 MINUTES

polenta aux champignons et au gorgonzola

- 60 ml (1/4 de tasse) d'huile d'olive
- 6 échalotes, hachées finement
- 2 gousses d'ail, hachées finement
- 12 champignons à chapeau plat, tranchés
- 225 g (1/2 lb) d'une variété de champignons sauvages
- 2 brins de thym, hachés finement
- 1 verre de vin blanc
- 375 ml (1 1/2 tasse) de double-crème
- 175 g (6 oz) de gorgonzola, grossièrement coupé en cubes
- 110 g (1/4 de lb) de parmesan, râpé
- une poignée de persil plat, haché finement
- le jus de 1/2 citron
- 500 g (1 lb 2 oz) de polenta, cuite selon les directives sur l'emballage et grillée

Verser l'huile d'olive dans un grand poêlon chauffé à feu doux, ajouter les échalotes et l'ail et faire cuire doucement jusqu'à ce que les échalotes soient ramollies. Augmenter le feu à vif et ajouter tous les champignons. Faire revenir 4 à 5 minutes, en remuant de temps à autre. Ajouter le thym et faire cuire 1 minute de plus. Régler le feu à température moyenne et faire cuire 5 minutes de plus. Ajouter le vin et laisser réduire des deux tiers. Ajouter la crème et laisser bouillir, en remuant constamment, jusqu'à ce que la sauce soit réduite du tiers ; régler le feu à doux.

Ajouter le gorgonzola, le parmesan, le persil et le jus de citron en remuant constamment jusqu'à ce que les fromages soient fondus. En napper la polenta grillée.

COMMENT FAIRE CUIRE ET GRILLER LA POLENTA

Préparer la polenta tel qu'il est indiqué sur l'emballage et la verser dans un moule graissé. Laisser refroidir et couper en pointes. Faire chauffer un poêlon à nervures, huiler chaque pointe et faire griller.

Valeur nutritive, par portion :

Calories : 809

Matières grasses : 51,5 g

Glucides : 64 g

Sel : 1,60 g

desserts

PORTIONS : 4

PRÉPARATION : 15 MINUTES

CUISSON : 50 MINUTES

crème brûlée aux framboises

3 jaunes d'œufs
2 œufs
50 g (3 c. à soupe) de sucre
250 ml (1 tasse) de lait
250 ml (1 tasse) de double-crème
2 gousses de vanille, fendues et leurs graines enlevées
75 g (3 oz) de mascarpone
200 g (7 oz) de framboises, et quelques-unes pour garnir
110 g (1/2 tasse) de sucre semoule

Préchauffer le four à 120 °C / 250 °F / 1/2 au four à gaz. Battre au fouet les jaunes d'œufs et les œufs dans un bol avec le sucre jusqu'à l'obtention d'une crème pâle. Faire chauffer le lait et la crème à feu doux et y ajouter graduellement le mélange d'œufs. Passer au tamis et ajouter les graines de vanille. Pendant que le mélange est encore chaud, ajouter le mascarpone et bien mélanger.

Mettre les framboises au fond de 4 ramequins et y verser le mélange à la crème. Déposer les ramequins dans un plat à cuisson tel qu'il est illustré ci-dessous. Enfourner et faire cuire 30 à 40 minutes. Retirer du four et laisser tiédir.

Saupoudrer chaque ramequin d'une couche de sucre semoule et passer sous le gril jusqu'à ce que le sucre soit caramélisé. Laisser tiédir et garnir de framboises fraîches.

COMMENT UTILISER UN BAIN-MARIE

Pour faire un bain-marie, remplir d'eau à demi un plat à cuisson et y déposer les ramequins. S'assurer que, pendant la cuisson, l'eau ne s'évapore pas entièrement.

Valeur nutritive, par portion :
Calories : 702
Matières grasses : 50,7 g
Glucides : 54 g
Sel : 0,33 g

PORTIONS : 4

PRÉPARATION : 10 MINUTES

CUISSON : 1 HEURE

CONGÉLATION : 40 MINUTES

poires pochées à la vanille avec sorbet au fromage blanc

4 grosses poires, fermes, pelées, cœurs enlevés mais gardées entières
brins de menthe, pour garnir

Sirop
450 g (2 tasses) de sucre semoule
1 litre (4 tasses) d'eau
3 gousses de vanille
la pelure d'une orange
la pelure d'un citron
5 ml (1 c. à thé) d'eau de rose
1 anis étoilé
1 clou de girofle

Sorbet au fromage blanc
500 ml (2 tasses) d'eau
75 g (3 oz) de glucose
25 g (1 oz) de sucre inverti (facultatif – voir Suggestion)
60 ml (1/4 de tasse) de jus de citron
450 g (1 lb) de fromage blanc

Valeur nutritive, par portion :
Calories : 775
Matières grasses : 9 g
Glucides : 175 g
Sel : 0,13 g

Placer tous les ingrédients du sirop dans une casserole à feu doux jusqu'à ce que le sucre soit complètement dissous. Le faire bouillir 30 minutes. Laisser refroidir jusqu'à 75 °C (165 °F).

Ajouter les poires et faire cuire 30 minutes à feu doux jusqu'à ce que le sirop ait réduit de moitié. Transférer les poires dans un plat peu profond et les arroser, à travers un tamis, du sirop. Laver la casserole.

Le sorbet : verser l'eau, le glucose, le sucre inverti (si utilisé) et le jus de citron dans la casserole et porter à ébullition. Laisser le mélange tiédir et ajouter le fromage blanc. Mettre le mélange dans une sorbetière et laisser fonctionner 40 minutes ou congeler dans un contenant de plastique, retirant le sorbet et le fouettant à intervalles réguliers pour éviter la formation de cristaux trop gros.

Servir en disposant une poire au centre d'une grande assiette et décorer d'un brin de menthe. Verser du sirop sur le pourtour de la poire et servir accompagnée d'une boule de sorbet.

SUGGESTION

Le sucre inverti est un produit en vaporisateur composé d'eau et de sucre qui peut être ajouté pour conserver le moelleux du sorbet lorsqu'il est congelé. En l'absence de sucre inverti, il suffit de sortir le sorbet du congélateur 15 minutes avant de le servir pour lui permettre de ramollir.

PORTIONS : 4

PRÉPARATION : 10 MINUTES

CUISSON : 10 MINUTES

riz collant avec mangue

250 ml (1 tasse) de lait de coco
30 ml (2 c. à soupe) de sucre
3 ml (1/2 c. à thé) de sel
275 g (10 oz) de riz collant thaïlandais, cuit et encore tiède
4 mangues mûres
30 ml (2 c. à soupe) de crème de coco

Mélanger le lait de coco et le sucre dans une petite casserole et faire chauffer doucement, en remuant constamment, jusqu'à ce que le sucre soit dissous. Ne pas laisser bouillir.

Incorporer le sel et le riz collant tiède et réserver.

Peler les mangues et retrancher les deux « joues » de chacune, le plus près possible du noyau. Jeter le noyau. Trancher chaque morceau des fruits en 4 quartiers.

Déposer un monceau de riz collant au centre d'une assiette de service et disposer les quartiers de mangue autour. Verser la crème de coco sur le riz collant et servir tiède ou froid.

SUGGESTION

Pour préparer 450 g (l lb) de riz collant, couvrir le riz d'eau et laisser tremper au moins 3 heures, de préférence toute la nuit. Égoutter et rincer abondamment. Tapisser la partie perforée d'une étuveuse d'une mousseline double ou d'une étamine et y verser le riz. Porter l'eau dans la section inférieure à ébullition et faire cuire le riz à la vapeur à feu moyen 30 minutes.

LAIT ET CRÈME DE COCO

À acheter en conserve. Le liquide qui se trouve à la surface de la boîte (avant qu'elle ne soit secouée ou remuée) est appelé lait de coco. Une fois secoué ou remué, le liquide épais est appelé crème de coco. C'est aussi simple que ça !

Valeur nutritive, par portion :
Calories : 469
Matières grasses : 13,6 g
Glucides : 85 g
Sel : 0,82 g

PORTIONS : 10

PRÉPARATION : 10 MINUTES

CUISSON : 35 MINUTES

TEMPS DE PRISE : 4 HEURES

gelée aux bleuets (myrtilles) et aux framboises avec crème à la menthe

225 g (1/2 lb) de framboises fraîches
225 g (1/2 lb) de bleuets (myrtilles) frais

Sirop
225 g (1 tasse) de sucre
225 ml (1 tasse) d'eau
4 brins de menthe fraîche
10 ml (2 c. à thé) de liqueur de framboise ou de myrtille
15 ml (1 c. à soupe) de jus de citron frais
20 ml (3 c. à thé combles) de gélatine
45 ml (3 c. à soupe) d'eau

Crème à la menthe
15 feuilles de menthe
15 ml (1 c. à soupe) de jus de citron frais
175 ml (3/4 de tasse) de crème

Valeur nutritive, par portion :
Calories : 147
Matières grasses : 3,5 g
Glucides : 27 g
Sel : 0,05 g

Tapisser 10 ramequins ou moules individuels de pellicule plastique et réserver.

Préparer un sirop en portant lentement à ébullition le sucre, l'eau et les brins de menthe. Laisser mijoter quelques minutes ; laisser tiédir, ajouter la liqueur et le jus de citron.

Laisser gonfler la gélatine dans l'eau dans un petit bol ou une tasse graduée, et placer ensuite le bol dans une casserole d'eau qui mijote jusqu'à ce que la gélatine soit entièrement dissoute. Retirer les feuilles de menthe du sirop, verser le sirop dans la gélatine et ajouter aux framboises. Remplir les moules tapissés. Réfrigérer et laisser prendre 3 à 4 heures.

Pendant ce temps, préparer la crème à la menthe. Écraser les feuilles de menthe à l'aide d'un pilon et d'un mortier avec le jus de citron ; ajouter la crème et remuer (le jus de citron épaissira la crème ; si elle devient trop épaisse, l'allonger avec un peu d'eau).

Napper une assiette blanche d'un peu de crème, y renverser une gelée et la placer au centre. Disposer les feuilles de menthe sur la crème entourant la gelée. Décorer de quelques belles framboises et beaux bleuets (myrtilles). Servir froid.

PORTIONS : 6 À 8

PRÉPARATION : 5 MINUTES

CUISSON : 30 MINUTES

compote de groseilles vertes et de fleurs de sureau

3 ou 4 têtes de fleurs de sureau
450 g (2 tasses) de sucre
600 ml (2 1/2 tasses) d'eau froide
900 g (2 lb) de groseilles vertes, étêtées et équeutées

Emballer les têtes de fleur de sureau dans un petit carré d'étamine. Mettre dans une casserole d'acier inoxydable, ajouter le sucre et couvrir d'eau froide. Porter doucement à ébullition et faire bouillir 2 minutes. Ajouter les groseilles vertes et laisser mijoter jusqu'à ce que le fruit éclate. Il est essentiel de laisser le fruit cuire jusqu'à éclatement, sinon la compote sera trop amère. Laisser refroidir. Servir dans un joli bol et garnir de fleurs de sureau fraîches.

CONSEIL

Veiller à cueillir les têtes de fleurs de sureau là où il n'y a pas trop de circulation.

Valeur nutritive, par portion :
Calories : 324
Matières grasses : 0,6 g
Glucides : 83 g
Sel : 0,03 g

PORTIONS : 8

PRÉPARATION : 15 MINUTES

CUISSON : 10 MINUTES

cerises flambées avec mascarpone parfumé au géranium

1 ou 2 feuilles de géranium parfumé au citron
75 g (5 c. à soupe) de sucre semoule
225 g (1/2 lb) de mascarpone
110 g (1/4 de lb) de crème fraîche
1 kg (2 lb) de cerises, lavées, asséchées et dénoyautées
30 ml (2 c. à soupe) de sucre semoule
le jus d'un citron
60 ml (1/4 de tasse) de kirsch

Quelques jours avant de faire ce dessert, mettre les feuilles de géranium et le sucre dans un petit contenant. Couvrir et laisser reposer afin de parfumer le sucre d'une merveilleuse saveur de citron.

Le jour du service de ce dessert, retirer et jeter les feuilles de géranium et mélanger le sucre au mascarpone et à la crème fraîche. Conserver au réfrigérateur jusqu'au moment de l'utilisation.

Mettre les cerises dans une grande casserole ou un grand poêlon à fond épais. Les saupoudrer de sucre et arroser de jus de citron et faire cuire à feu doux 3 à 5 minutes jusqu'à ce que le sucre soit dissous et les cerises complètement chaudes.

Une fois les cerises chaudes, s'assurer d'avoir une grande allumette à porter de la main, verser le kirsch, allumer avec l'allumette et reculer !

Apporter le poêlon à la table pendant qu'il flambe et servir à partir de celui-ci, faisant circuler la crème parfumée à part.

Valeur nutritive, par portion :
Calories : 294
Matières grasses : 17,3 g
Glucides : 30 g
Sel : 0,12 g

PORTIONS : 4

PRÉPARATION : 5 MINUTES

CUISSON : 20 MINUTES

bananes épicées au miel avec yogourt

4 grosses bananes, pelées et tranchées sur la longueur
25 g (1 1/2 c. à soupe) de beurre
30 ml (2 c. à soupe) de jus d'orange frais
une pincée de cannelle moulue
une pincée de clou de girofle moulu
2 gousses de cardamome
20 ml (4 c. à thé) de miel
60 ml (1/4 de tasse) de yogourt nature

Préchauffer le four à 200 °C / 400 °F / 6 au four à gaz.

Mettre les bananes dans un plat allant au four légèrement graissé et tartiner les tranches de bananes du reste de beurre.

Mélanger le jus d'orange frais, les épices et le miel et verser sur les bananes. Couvrir d'un couvercle ou de papier aluminium et faire cuire au four 20 minutes, jusqu'à ce que les bananes soient tendres. Servir chaudes nappées d'une cuillerée de yogourt.

Valeur nutritive, par portion :
Calories : 191
Matières grasses : 5,8 g
Glucides : 34 g
Sel : 0,16 g

index